受害者情結

蘇絢慧——著

自序

拆除情感地雷，重整一個完整的自己

在我從事心理諮商與治療的職涯過程，我會遇見帶有各式各樣生活問題的人，來到我面前，尋求我的專業協助；有的是情感及伴侶關係的問題，有的是自我情緒調節和社會生活適應的問題，也有原生家庭衝突或童年經驗創傷等問題。

不論是哪樣的心理困擾及生活適應問題，若是當事人不坐在「受害者」的位置，正視自己人生的困難或問題是自己需要面對的責任，願意從自我的內在心理狀態調整，重新解構、鬆動及移動自己的習性模式，再教育自我、充權和賦能，那麼在混亂失序過後的重建，及重生出不同於以往的既安穩又彈性的內在力量，是指日可待的。

但是，若是當事人不論尋求了多少協助的對象，或是進行了多久的諮商次數，都無法意識到自己的反應和模式，不斷地反芻著某種負面思維和怨恨情緒，以及重複著一而再、再而三述說同樣的「可惡的他人」及「可憐又不幸的自己」的情節，那麼，他的心理獲得的協助性將會相當有限，更不用論及到治癒心理的各項運作功能，以及協調出和其他人的人際關係，有新的和諧和平衡。

最主要有這樣情況的當事人，都有著連他們也無法意識到的某種情結，在支配著他們的所思所想及所有感覺。甚至他們很難跳出自身以外回看見自己，發現自己習以為常的反應，就是：「不斷怪罪」、「逃避」，並「推開自我責任」。

無論是一個身體疾病的人，或是一個有心理疾病（障礙困擾）的人，無法意識到對自身的生命有維護及關照的責任時，他便無法將自己視為一個有能力接受幫助（醫療）的人，從過程中妥善的自我管理及自我照顧，並協同外在的協助資源，支持和促進自己接受及面對一系列的療癒或重建歷程。

也就是說，他必須啟動內在的自我功能，一同參與自己的調整或治癒計畫，無論是自己的理性或感性功能，都要能夠發揮，進而思考分析及探索覺察目前自己的處境、情勢、問題來源、問題癥結，還有因應的策略及多元方法，然後加以執行及貫徹。他需要理解自己的問題成因及脈絡，也需要客觀合理的評估問題的可解決性及改善策略，而不至於陷落於無意識的焦慮和不安中，以持續地逃避及否認態度，阻抗承認自己和問題（困擾）之間的關連。

本書所欲探討說明的「受害者情結」效應，正是會產生這類延遲面對問題的族群之一，並以無益及缺陷的方式在某些惡性循環的情況中反覆。最為明顯的，是以一種無助及無辜的不幸姿態，展現出對自己生命所遭遇的問題無能為力及受害的表現。若是所感知到的環境壓力過大，或發現欲控制的對象不聽從自己的要求，即以情緒性的威脅及恐嚇發動攻擊，誇大的指責別人的傷害和辜負，彷彿他是一個完完全全沒有能力保護及照顧自己的幼兒，他之外的每個人都可能是他口中那一位任意傷害他、壓迫他及拋棄他的惡劣之人。

「受害者情結」並非僅是一種心態或是情緒反應。所謂的心理情結（complex），都意謂著在個體神秘的心理狀態中，有強烈而無意識的一種接近本能的衝動，是來自一群重要的無意識組合。以榮格心理學的解釋，可將情結說明為「一群無意識感覺與信念形成的結」，這複雜而龐大的糾結，成為個體難以意識、釐清、直接理解的強烈情感影響。在臨床分析上，「情結」多屬於自我分裂的產物，從完整合一的人格被分離出來；因著情感創傷、心靈巨大痛苦、價值觀及文化道德衝突，或對某種補償的渴望等等，都會導致某種情結的形成。

因此，「受害者情結」效應會是全面性的，即是只要某種人際互動情境發生，人無法再理性的表現自己，而進入一種強烈的情感衝動及情緒激發（例如強烈的愛恨）狀態時，這情感衝動及情緒激發，讓個體無意識的以受害者角色和一套相應的情緒、信念及行為作為呈現。若是以生活現象觀察，則會發現此人難以有意識的自控，只要不感到滿足及稱心如意，即衝動地以各種怪罪和指責面對周圍人際互動，而他的主體會呈現出弱小無助貌，卻帶有強烈的恨意和怨懟，以可能積極也可能消極的攻擊方式，情緒失控的對周遭或特定對象，加以指責控訴，接著各種不理性充滿情緒謾罵的字眼也會隨之上場。

當情結俘虜、綁架了自我，也就等同被情結所支配了，個體是無法具有完整的自我人格，於是導致自我情緒和行為的失控，卻不知自己是怎麼了。若從其反應觀察其心靈，便能感知某些人格碎片，凍結在某個過往時空，或掉入某個情緒陰溝，無法跟隨著個體的統整而一同成長、合一。雖然個體可能很不喜歡這樣的自己，也很厭惡讓人際關係總是經歷某種相似的爆發情節，自己卻總覺得不知為何，當然也就不得其解。

沒有人擁有完美的童年，也沒有人擁有完美的人生，自然每個人都有自己不同的情結，存在於我們未覺察的心靈死角，需要我們去意識、去面對。榮格曾說：「情結是通往無意識的忠實道路」，而人若要探究自己的心靈本質、觸及深層的無意識，那麼，「情結」的了解及調節，就是促進心理健康的重要途徑。

那為什麼要以一本書來談「受害者情結」的效應呢？那是因為我認為在華人社會，無論男女，都十分易見這樣的情結出現，不論個體是否已經能意識到。這種「受害者情結」之於我們的文化，應該已代代相傳好幾代，許多時候我們可以看見上上代、上一代，乃至我們下一代，都受著這種情結支配和控制，像是若不坐上受害者、成為受害者，我們就無法為自己不甘心的命運和遭遇申冤，也無法藉由控訴，要別人為我負責、提供我滿足和所需要的關愛來服侍我，並以自己為法律中心，認為這世界都應該照著我的法律運作。

雖說這是個體無意識的反應和作為，可能為個體帶來某種「不用承擔」、「不用面對事實」的好處，但若個體始終無法意識到，那麼就無法透過無意識與意識之間的溝通和協商，有所調整或重新安置我們的內在機制或模式，也就會錯過調節那些因為「受害者情結」所引發的諸多人際問題、情緒和行為失控問題，還有來得及終止家庭創傷經驗的代代複製。

不論是意識自己的情結，還是透過他人身上意識他人的情結，唯有我們對情結的發生和存在有所覺察，讓無意識的衝動及充滿強烈情緒黏著的情結，可以緩緩的解開及鬆脫，才有可能讓那含含糊糊弄不清的情感地雷，不再反覆引爆，把自己轟得粉身碎骨，也不再把他人炸得四分五裂。如此，我們才有機會重整一個完整、和諧的自己，擁有健康的自我，也擁有健康人際關係的權利。

目次

chapter 3

照顧好自己內心的小孩
——如何自我療癒

chapter 4

能拯救他的，只有他自己
——如何避免病態依存關係

chapter 1

不滿足我，你就是敵人

——認識「受害者情結」

你有沒有遇過一種人，或者你感覺到自己可能正是如此：當他一說起自己的遭遇時，是那麼辛酸悲情，是那麼的淒涼不幸，彷彿整個世界都是拋下他，對不起他的人。在他主述的遭遇裡，所有的經歷乖張離奇，所有的欺負和不公都只發生在他一個人身上。

接下來，他會毫不考慮的用所有的力氣，傾洩而出他的怨氣怨念，詛咒那些忘恩負義，或是假仁假義的人不得好死。

但話鋒一轉，又立刻露出脆弱悲情的面容，彷彿自己是誤觸深野叢林的小白兔，不知道這世界怎麼會是如此殘酷、冷漠、無情、寡義？為什麼自己做人那麼善良、這麼單純，卻還是時常被人輕視、惡意對待、冷言冷語，以及被忽視，從不被當一回事？

再接著，他可能會淚眼婆娑的道盡自己如何的無辜、無邪，反覆的訴說自己如何的在人生過程裡遭受別人的傷害、打壓及欺負。

你可能一時間無法察覺，他的前後文和他的情緒狀態有何奇怪，甚至會被他所說的遭遇吸引，覺得他真的是可憐中人，不由得泛起同情和悲憫，但慢慢的，漸漸的，或是一次一次的，你會發現他的述說內容，並未隨著他的傾吐和宣洩有任何改變；甚至，他的段落，他嚥下口水的地方，他流淚時所說到的句子，幾乎都在同樣的落拍，像是一首唱不盡的歌曲，而他可以反覆的誦唱，反覆的迴旋。

最讓你驚訝的，就是你不明白為什麼他每次說到同樣的情節、過程，甚至時間日期，都像是第一次說，彷彿他從來沒有跟你說過一樣。

這個過程裡，我相信你會是很努力的那個人，「努力地」想要改變他的心情，「努力地」要幫他改善生活經驗，「努力地」要他換個角度思考，或是「努力地」要他不要絕望，再度擁抱這世界的希望吧！

然後，你會知道，沒有起任何用處，也無法獲得對方任何的回應。甚至有時候，當你給予這些回應，不論是同理，還是安慰，或是到想要引導對方思考其他的人生面向時，他完全無動於衷，就像是沒有聽到你的聲音一般，任由你的回應淹沒在他的述說聲量中。

如果，你因為這樣反覆周旋，毫無進展的過程而心生厭倦，或心力耗竭，而採用了激進的回應，或是來個不再回應，這時候，對方反而被激起令人難以理解的憤怒，將你也放進這個可惡且殘酷世界的一部分，指責你沒愛心、沒良心、沒道德、沒義理、沒人情……

總之，這個過程徹頭徹尾，你都感到有點莫名其妙，像是一頭踩進了什麼大沙坑，陷落下去，不可自拔。雖然你很想抓著沙坑底下的人，一起往上掙扎爬出沙洞，哪知不僅沒有爬出沙洞，還覺得有股拉力使勁把你往下拉，使你越陷越深。當你覺得快沒命而必須自救自保時，終於不得不放棄這種無力的掙扎，卻換來沙洞底下的人大喊大罵：「你就這樣拋下我，自己逃命去，你傷得我好深呀……」

如果，這是你曾經遇過的對象，或是這個對象現在正在你左右，那麼，或許你可以慢下來，靜下來，為自己這一段人際關係的奇幻過程開啟新的思考和理解。或許，你遇見的，正是有著「受害者情結」的人，也可說是一位專業的「受害者」。

◇受害者情結，不等於「被害者」

「受害者情結」，不等於「犯罪被害者」。在法律上，定義的「被害者」是：「係指個人或整體受到傷害包括身心損傷、感情痛苦、經濟損失或基本權利的重大損害的人，這種傷害是由於觸犯現行刑事法律，包括那些禁止非法濫用權力的法律的行為或不當行為所造成。」也就是說，若是法律上所指稱的「被害人」都是基於現行刑事法律認定下的各種損害，有具體事證，也有可追訴的特定「加害人」為對象。

但心理層面的「受害者情結」，則是廣泛性的控訴周遭生活的一切人事物，並且沒有特定對象的沿展及移置到任何所接觸到的對象，只要那位人士並沒有照著他所期待的反應，包括：索求給予、要脅滿足、順應同情，並將他視為唯一重要的對象關注及滿足，就會遭遇強烈的情緒攻擊，並以劇烈的情緒痛苦做為控訴的工具，指責別人壓迫傷害，同時自憐式的把自己說成這世界唯一最可憐，也是最不幸之人。

具有受害者情結的人，行事風格特點是他們會在生活中，反覆的把自己推向痛苦邊緣，哪裡有痛苦就往哪裡鑽。並且，會無意識地把這種痛苦傳染給他身邊的每一個人。受害者情結的人，由於內心十分的空虛和恐懼，他們幾乎所有的注意力，都在自己的空虛和恐懼上，並且被一種莫名的焦慮和無助支配，因此，長期處於這種情結的人容易罹患抑鬱症、身心症，也常陷於絕望感中，嚴重的甚至有自虐傾向和輕生傾向。

這樣的心理反應，我們稱為「**受害者情結**」。這是一種由長期的無助感、自卑感、消極性、敵意，所形成的應對人生處境的方式，其本質上是一種逃避心理，不願意面對自己生命的真實處境，包括承擔所面臨的生活挑戰及各種問題。

在無意識之中，人產生了「受害者情結」後，很容易透過不斷複訴自己的無辜、反芻自己的無助及受傷情緒及負面思考，把責任推卸給他人，並強烈的索取同情和關懷，而不去真實的面對生活存在的困難，解決自身遇見的問題。

◇受害者情結，是童年受傷及受苦經驗膠著僵化而成

個體之所以會選擇受害的心態來因應人生，是因為他的內在需要經歷這樣的情緒叢（多重心結），其實也是他的人生模式一再重演的縮影。這個模式，最早起源於他的童年，是在幼年時期經歷巨大的情感創傷及情感忽視，然而，幼年的他，面對自己的遭遇及環境，無力可施、無能為力，自覺弱勢弱小，渴望別人的挽救或關懷，同時感受不到周圍人的協助及幫忙，因此留下了一個始終暗自哭泣，埋怨這世界無情辜負的受殘害幼童心靈，在自己的內在凍結。

這種情結在無意識形塑和衍生過程，並未隨著自己真實年齡的成長和發展而有所轉化或改觀，於是，僵化在早年時期的經驗，形成了對人生的「錯誤意義」設定，解讀這世界及別人都是欺負他的，他只能任人欺壓與宰制，別人都是對他殘忍及不仁不義……等等觀感。

在他的成長過程裡，可能未有恰當機會透過教育、學習或啟發，來累積自己應對這世界的知識和技能，從中調動或重新理解了自己和世界的關係，反而外表

雖然是長大了，內心卻像是被封印在童年創傷的那些年，始終感嘆這世界及周遭的人，都是冷漠拋下和歧視輕看他的。

然而，雖說內心像是被封印在過往的無助時空中，不得翻身，但其實痛苦及怨恨的情緒卻不停翻攪，反覆湧出，因此產生了大量自憐，也產生了大量對外界的敵意和恐懼。正因為無意識的在這樣的歷程中循環，他的生命歷程，絲毫沒有任何引發他反思、領悟，及成長的機會，而是沉溺或浸泡在其中的情緒和生命創傷中，載浮載沉，於是，就只能一直唱重複的調、說相同的事件、哭訴一樣的情節，並且留下一個永遠不願意撕去的標籤：「我是不幸的受害者」，好控訴著這個世界的無情無義，及無盡傷害。

如此，也給了他自己一個理由一個說法，來歸咎自己人生的痛苦和悲辛遭遇，都是這可惡的世界所害。同時，鞏固自己是無辜者和需要被補償者的位置。可是弔詭的是，他們不是鎖定當初令他們受傷或遭遇痛苦的對象，而是廣泛性的、普遍性的認定，這世界的人都是可惡的人，都是會帶給他們傷害和冷漠的人，因而將世界全視為他的敵人，除非接受他的控制和支配，任由他無盡索討補償。

如果，這是你曾經遭遇過的情境，也曾遭受某人的控訴及怪罪到覺得有點誇張的感受，那麼，你需要的是重新釐清你們的關係和關係歷程，會不會太容易被怪罪？會不會認識其實時間不長，就可以感覺到對方翻臉如翻書一樣快？會不會你每講一句話，都害怕惹怒對方，讓對方不悅？會不會你在關係裡，像在泡三溫暖，忽冷忽熱，冷熱交加？

如果，你曾經疑惑自己究竟在什麼樣的關係中？你也曾不懂為什麼在對方的口中，你是如此可憎的對象？那麼，或許你已來到了「受害者情結」的內心世界，卻完全無知，只剩下處在地獄的感覺，及找不到出路的迷茫感。

chapter 2

從受害者到迫害者
——受害者的三角戲劇心理

所謂的「**心理情結**」，是一心理學專有名詞，指的是一群（叢）重要的無意識組合，或是一套藏在一個人內在深層心理潛意識的系統，其表現方式是有著強烈而無意識的衝動，難以克制也難以洞察出原委。因此，當「心理情結」出現時，個體是無意識且自動化的，通常也無法明確得知自己究竟為何會這樣？

心理學理論對於情結的詳細定義各有不同，但不論是佛洛伊德學派還是榮格學派的理論，都認為「情結」是了解人類心理無意識運作非常重要的關鍵。

大部分之所以會形成某「情結」的心理狀態，多來自於情感創傷的影響、文化的制約、童年家庭互動的模式等，壓抑在無意識中的心理記憶碎片，無法完整成形的被個體所意識，進而發覺。

於是，當零散、微小、碎裂的創傷片段藏匿在無意識中，只要遇到一句可以激發的話語，或一眼瞬間而過的影像，就可激發出不可控制的情緒及情感反應，像是強烈的愛恨、強烈的憤怒及痛苦從內在爆發，這時的我們無法以理智表現出自己，而是被心理情結控制和佔據，於是變得衝動、失控，而不知自己為何如此。這種來自心理或精神方面的糾纏鬱結，足以潰擊一個人的理智和情感的平衡，而充滿晃動和擺盪，就像是遇見了心靈的地震。

因此，「情結」的外在表現，是一種缺乏意識的，突然之間的，釐不清楚脈絡原因的，一團的、一叢叢的心結（就像在心裡打了數不清的結一樣），所形成的一種「非如此不可」的衝動性行為及一組固著的情緒和想法反應模式。榮格將「情結」形容為「無意識之中的一個結」、一群無意識、感覺與信念形成的結。這個結雖然可以間接洞悉到，但因之所表現出來的行為，卻往往很難被理解。

而生為人類，我們的童年並不完美，原生家庭也不完美，因此我們多少都隱藏及壓抑了不少的情感創傷或情感缺失，導致我們凍結在某個未完成的情緒經驗裡，以僵化固執的方式，不斷重複的重演那些從無意識衝出的焦慮或衝動。以無以名狀的形式，展現出複雜微妙，無法描述的心理及行為反應。

這些情結（心理的結、情緒的結、情感的結）出現的形式可能是：戀父情結、戀母情結、厭女情結、強者情結、自卑情結、優越情結、分離焦慮情結、權威情結、拯救者情結，還有本書欲探討的「受害者情結」。

說到「受害者情結」中的「受害者」這個身分，我們可以以另一個心理學說理論來認識及了解，在人類的生活中，我們都可能不自覺的進行「**受害者—拯救者—迫害者**」的三角關係心理遊戲，於是出現了許多人際關係的混亂及困擾現象。

此理論是由艾瑞克．伯恩博士（Eric Berne）創始的「人際溝通分析學派」（Transactional Analysis，簡稱 TA）。伯恩在其著作《人間遊戲》和《團體治療的原則》一直致力於用一套標準的行為順序呈現人際間心理遊戲。受卡普曼「戲劇三角形」理論中轉換概念的影響，伯恩後來對遊戲的想法有了重大改變。前者在遊戲中加入「轉換」的環節，但沒有「混亂」一環；後者詳細說明了他的遊戲理論，列出了 G 公式：C（餌）+G（釣）=R（反應）→S（轉換）→X（混亂）→P（結局）。並明確地說：只要符合這條公式的就是心理遊戲，不符合這條公式的就不是心理遊戲。

卡普曼戲劇三角形的理論，直接促成伯恩心理遊戲理論的形成。斯蒂夫．卡普曼（Stephen Karpman）是一位醫學博士，他與艾瑞克．伯恩博士（Eric Berne）一起工作。在其著作《人間無遊戲》中，卡普曼的戲劇三角形角色和轉換的理念，把伯恩發現的心理遊戲分為迫害者轉換成受害者、受害者轉換成迫害者、拯救者轉換成受害者、拯救者轉換成迫害者四大類。

「受害者—迫害者—拯救者」是小我運作機制中最普遍的三種形式。通過卡普曼戲劇三角位置，我們可以清楚地覺察到我們的小我是如何在我們無意識時，帶著我們自動化反應和引發情緒。

三角戲劇的心理遊戲有以下四個特徵：

1. 當迫害者過分地攻擊、指責，受害者過於接受攻擊和譴責，拯救者過於熱心地幫助解救被害者的時候，心理戲劇便開始，這些行為便成為戲劇發展的內容。
2. 在很多情況下，心理戲劇是隨著三個人角色的變換不斷地往下進展。
3. 戲劇的當事人中，如果有一個人不再起作用，從角色中脫離、脫鉤出來的話，這場戲劇便可自行中止了。
4. 沒有遊戲的交流，就沒有遊戲的關係。

卡普曼構成的三角戲劇理論

美國心理學家卡普曼發現，每個人心中都經常會上演一個由三個角色構成的三角戲劇：

迫害者：貶低別人，自處高位，把別人看得較低下、不好，或沒有能力。

拯救者：也是把別人看得較低下、不好，但他的方式是從較高的位置提供別人幫助，他相信「我必須幫助別人，因為他們不夠好，無法幫助自己」。

受害者：則自認較低下、不好。有時受害者會尋求迫害者來貶抑自己，或是尋找拯救者提供幫助，而更加認定自己：「我是無助的，我無法靠自己來解決。」

當然，也有很多人獨自演出受害者—拯救者—迫害者的三個角色，在不同的人際關係中，站在不同的位置，無意識的扮演戲劇三角的其中一種角色，或在一個事件過程中，就在這三個戲劇角色上來來去去轉換及交替。

對每個人來講，當夫妻親密關係、親子關係、朋友關係，正無意識的上演心理遊戲時，都可以發現在各自身上，有這三種角色的影子和作用力在拉扯和轉變。當我們毫無覺察，難以意識時，受害者的角色，可能就悄悄上身了，並且透過站在受害者角色的位置上，指控另一個他人為迫害者，並對賦予拯救者的人，提出救援訊號，及呼求所想要的維護或幫助。

若是強烈的造成人際之間的困擾及痛苦，那麼這樣的心理遊戲可能已構成病態、心理扭曲的現象。

而若在大部分的生活情境或人際關係的動力中，幾乎全以「受害者」的位置自居，誇大的展現「受害者」角色的人格模式及外顯行為特徵，幾乎完全脫離不了此角色的運作，彷彿這角色就等同於他，他已完全與「受害者」角色融合為一體，那麼此個體自然運作的模式，包括內在信念架構，都已受「受害者情結」全面俘虜及支配了，他的自我也就失去主控權，無法清楚的意識和掌握自己的舉動及各種反應。

而具有「受害者情結」的個體，可以預估在童年時期，即開始受大量的「受害者—拯救者—迫害者」三角戲劇的心理遊戲影響。可能整個家庭環境的日常，即上演不停輪轉的三角色心理遊戲。也可能是個體的身邊，也就是主要照顧者（重要他人，例如母親）和個體的關係互動，不斷的衝擊及製造個體大量的失落、挫敗、沮喪及痛苦，而使個體的幼年時期，因著諸多情感創傷，而在心靈的某處停置在深受其苦的受害者情結中。

具有「受害者情結」的人，客觀上可以觀察到一套認知、行為及情緒感受模式，並在人際互動上產生許多問題及混亂糾葛，接下來以四個項目來說明此情結的展現及結構：特徵、扭曲的信念、情緒失調及障礙，以及常見關係模式，讓我們能有意識的辨識出受害者情結的存在和發生。

◇「受害者情結」的八個特徵

特徵一：心靈的孤兒原型

我們活在這個世界，每個人都會以不同的方法，來獲得他人的關注。「感受到被關注」是一種與生俱來的需求。從孩子的心理來說，「得不到關注」，就可能會活不下去了，還會產生一種「我完蛋了」、「我無法活下去」的無助和恐慌感覺。

所以，能得到關注，真是太重要了！

於是，我們帶著幼童時渴望被關注的心理，及覺得被關注不夠的缺乏，在成長過程中，一路比拚，一路競爭，一路踩踏，就是為了填補內心渴求不盡的「關注」。

有些人透過表現優異或傲人成績，來得到關注。有些人以不被挫折坎坷的命運搏倒，奮起成為扭轉自己人生的英雄之姿，來獲得關注。有些人則以讓人欣羨的外貌或擁有物質條件，獲得別人的關注和追隨。但也有一群人，是以自己的弱小無助，和極需要援助保護的訊息，來引起別人的關注，得到需要的照顧。

這樣的人，若要探討起來，或許我們可以這樣描繪：在他的心裡面，內心深處，住著一個孤兒靈魂，像是無父無母的存在著，被任意丟在路邊，無助的哭泣著和吶喊著：「誰來救救我？誰來幫幫我？誰來愛我？」

這居住在心理無意識層裡的孤兒原型，並不被個體意識及知覺，然而，只要遇到了「關係」，遇到了另外一個被他認定為「照顧者」的人出現，那孤兒靈魂就會瞬間現身，俘虜個體的理智和意識，佔據個體的身心，讓個體全然處於孤兒的狀態，要足所有的關注和重視，並且讓照顧者深信他是無能的、不行的、缺乏的，需要全然的關注及保護。

這種從內在深處，爆發的「孤兒怨」，是屬於個人無意識層的，他意識上並不知道自己怨恨那些應該要照顧他的人，也不知道他怨這個世界、嫉妒看起來擁有幸福的人。於是，越是誰擁有幸福、快樂、愛及保護，他的憤恨和嫉妒湧現，不甘心的認為別人憑什麼擁有？而為何他如此努力的生存、如此卑微的活著，他卻擁有不到那些他也渴望擁有的東西，特別是看似幸福的關係。

孤兒心靈者，因為自覺弱小而無助，因此容易將他生命遇到的挫折和打擊，都視為一種「被害」及「受傷」，任何帶給他不是預期的呵護及關懷的人，都會成為「壓迫者」及「欺凌者」。他難以以理性處理及想到自我調節的策略，而是帶著巨大的情緒陰霾，以類似於歇斯底里的反應，誇張的認定別人和這世界的可怕，以致自己只能退縮或是死命抵抗。

存在這種孤兒怨的受害情結者，有著相似的戲劇性誇張表現，戲劇性的不僅是他的愛恨情仇激動的情感，還有他被人糟蹋或惡劣對待的所有情節。

他們不接受別人的理性分析或回應，他們只要別人處於「無盡包容」、「全然理解」和「全然相信」的位置上，認同他為受害者，以他的心靈受傷為己任，以永不疲倦的態度聆聽他的悲傷和不幸，其餘的觀點和看法，他都不想接收，也拒絕接受。若有人提出探問或是質疑，即使只是一句好奇，或是任何不是他所想要的回應，他即立即進入受害者模式，開始猛烈攻擊、責備，或是大量的以幼稚的方式，像孩子哭啼吵鬧的反應，以情緒掃射或是發洩，妖魔化這個他非常憎惡和不滿意的對方。

這正是猶如孩子心靈的表現，天真而單純，自我中心地難以同理別人的處境，及了解別人也有屬於他的個體性。由於孩子尚無法有能力進行換位思考及客觀視角，只能對世界進行簡易的二分法（好人及壞人），受害者情結的個體自我，在缺乏自我教育及成長下，則讓他容易絕對的推論：滿足他的是好人，不滿足及體恤他的就是壞人。

通常，講到這裡時，華人社會的讀者，可能就會立刻想問：「怎麼辦？」再次試圖想要簡單改變這其實非常複雜的心理狀態的現象，想以簡單的步驟或做法就認為人可以輕易被調整或更動。（這可能也是一種內在幼童自我狀態過度負責的投射。）

事實上，關於「情結」都是個體千萬次經驗的累積及濃縮，有些與創傷未竟的經驗有關，有些則是日常反覆出現的情境，這些經驗累加成個體的內在系統，包括形成他的觀念、想法、情緒及行為模式，同時形塑成他的人格特質，這都已是形成多年的事了，不是簡單幾句對應或簡易做法，就能讓一個孤兒心靈的人，意識到自己投射面對世界的位置，是受害者的角度。許多時候，這需要長期及穩定的治療過程，才有機會可以鬆解，進而得到治癒。

若是孤兒心靈的人，無法意識到自己處於幼兒化的狀態，同時是一個對關注、對愛未滿足的病態需求，他就無法辨識自己的人際關係模式，也難以覺察自己所站的位置和角度，如何讓自己持續處在沒有力量也無法自立的狀態中，繼續含怨、含恨地牢記別人的背棄、離去，及別人的辜負和無情。

具有受害者情結的個體，可能都有一個思考的偏誤：他們以為只要一直處於弱者和幼小狀態，就會喚起某人的同情和不忍離去，更會因此讓某些人自願的、義務的協助他們的生活困難及為他們的需求負起責任。他們渴望回到理想中的伊甸園（仙境），無痛無苦、無傷無害，一切就如他們的需求相應而生，能讓他們的情緒被照顧得妥妥當當，不再經歷任何一點失落或痛苦。

他們抗拒這世界的真相：生命的發展過程，正是每個人在啟發及鍛鍊自己的處世之道，除了能處理複雜的多重社會關係，也能趨向成熟的理解及通透這現實世界的運作和真實的人性。而面對衝突及處理化解挫折，也是屬於成長過程的一部分。若是衝突和挫折，就立即掉落到自己是不受重視的、自己是不被理會的委屈埋怨中，那麼他處理及克服的不是自己的挫折和內心的衝突，反倒是抱著環境應該符合期待的非理性信念，循環式的覺得被這世界傷害和欺負。

行文至此，或許大家可以先試著明白，離開受害者情結的心境位置，與一個人的人格成熟度息息相關。願意成熟的人，樂意成長、喜於自學自修，自然會發展更多彈性多元的處事待人風格。但抗拒成長及成熟的人，等待著的往往是別人必須為他的生活困境背負責任，挪去他所有的痛苦及辛苦，一償他心中渴求的無微不至寵愛及永遠照顧他的承諾，直到永遠。這是成人的世界裡，不可能存在的。

特徵二：無助心態（弱勢標籤）

受害者情結的人，就像是身上有一個不願意撕下的標籤，這個標籤可以強化他自己是：「無助的」、「弱小的」、「受苦的」。當他們越是往自己身上貼緊這個標籤，越是在環境中渴望找到看似是強者的人，來尋求解救與保護。

受害者情結的人，普遍都有對「強大者」的一種偏執的迷戀感。因此他們的生命，許多時間都在找尋所謂的「強大者」。就像個癮頭一樣，受害者情結總能從環境中，嗅出誰是強者、有能力者、能提供照顧及保護者，然後用盡力氣去靠近他，與他親近，希望得到對方拯救及照顧。

越是社會主流價值判斷中，所認為的權威、優秀、有地位、名聲的「強大者」，受害者情結的人都會傾向去尋找，並向其訴求自己的受害、受苦及受傷。而他們所認定的「強者」，是不能拒絕的，他們應該基於對人類世界的普世道德感和慈愛心，無條件的來為他這些受害及受傷的人，行使正義及提供全然的解救。當然，這些正義或解救，都必須符合他理想化及完美無瑕的標準；包括為他懲罰惡人，憐惜及呵護他的受傷及受苦，還有無盡的包容和提供所需……等等行為。

受害者情結的人，無意識的進行情感操縱（意識上他們自己並不知情），為了讓強大者不會離他們而去，或對他們置之不理，於是，受害者情結者會展現強烈的冤屈及苦痛，勾動強者的憐憫心及同情心，使強者莫名的為他們的苦痛背起責任，並且必須確保他們的人生不再受苦、不再心傷。

所以，在情感上，受害者情結者會有大量的神情，表現出極其愁苦，還有那屈縮的身軀，像是在虛弱的吶喊著：這世界不斷的貶抑及驅趕他們，使他們連一點兒安身立命的地方都沒有，處處都是對他們無情的打壓，和殘忍的摧殘。

這種受害者情結者，在數十年前的台灣電視劇裡常常出現，特別是女主角的身世背景描寫，正是充滿無助、無力、卑微和任人欺負的形象，若沒有他人的挺身而出，為其保護解圍，根本就難以繼續活在這世界上。

而這些女主角們都有一個共同現象存在，就是情緒都十分激動，說起自己的悲苦來，不是讓人催淚，就是令人揪心不忍。使得周圍仗義不平的男士，不是必須帶其私奔解救，就是為她準備棲身之處，把她猶如一朵溫室的花朵，層層保護起來。但是，無論過程多麼為她辛苦為她忙，終究還是悲劇一場，女主角還是淒涼憔悴到令人惋惜和同情。

所以，我們來探討一個問題，為什麼一個人口中所說的悲苦和不幸命運，不論周圍的別人怎麼幫忙、解救、挺身而出，甚至為這一個人的生命，背負不可承受之重，這個人到最後，還是喊著：「苦啊苦啊苦啊！」，和「悲啊悲啊悲啊！」，或是：「我歹運啊！我歹運啊！」

為何無論情節怎麼走，劇情如何發展，這個主角還是會淚眼婆娑或憤慨難平的告訴世人：「我的苦沒人懂，只有我知道我的苦在哪……」，而在他口中，無論曾經誰關懷過他、幫助過他、伸出友誼的手，最終這個世界仍然是一個欺負他及辜負他的世界。

這麼看來，雖然受害者情結者以弱者、受苦者的姿態出現在這個世界，但是他認定自己無力保護自己、無能解救自己的執念，可一點都不弱啊！那種要他人來解救自己不再不幸、不再受苦的意念，可說是非常強大啊！

這麼強烈的執念和強大的意念，從精神層面來看，這絕對可說是一個巨人了，無論他人怎麼解救，或怎麼勸慰，都不足以撼動他對這世界的認定，還有對自己是弱者的認定。

很多人都問過我，對於這一種強烈的認定自己受苦受害的人，到底要怎麼解救才會成功？要怎麼勸慰，對方才能不再：「苦啊苦啊苦啊！」，和「悲啊悲啊悲啊！」，或是：「我歹運啊！我歹運啊！」

我總是搖搖頭說：不，除非他真心想解救自己，真心實意想成為自己的救難英雄，否則誰為他擔任，誰想拯救改造他的命運，都無法如願，因為你無法改變他的意念和自我觀感，自然也無法終止他哀哀叫的自艾自憐，最終周圍的人都會一個一個如他劇本所寫，成為背棄及對他不公不義、不仁不慈的惡人。

一個人在自己身上，強勢的貼著「我是弱者」的標籤，怎麼也不肯撕下來時，即使他本質上根本是個強者、堅韌者，他也會說他不是，並要求他人一起配合演出，認同他是一個弱者、不幸者的看法。

若從這個角度來說，或許你可以發現，當具有受害者情結的人要求著大家配合，一同演出他心中的悲苦劇時，他的指揮和支配性，氣勢可是萬軍難擋，幾乎沒有人可以終止這樣的劇情不停的被發展下去。

所以，你說說看，你以為的弱者，真的是一個弱者嗎？

你還要費盡心力的改造他的人生嗎？還要用盡你的時間為他想著，如何才能為他的生命帶來幸福嗎？

想想看，這個標籤是否是好用的呢？有沒有它的好處呢？

「弱者、受害標籤＝我應該被保護及被滿足＝大家要讓著我」，當這樣的標籤，在受害者情結的人心中，產生了一種類似於令牌的威力時，他們拿著這一個令牌，追討著這世界上的人，應該為他們不幸的人生負責時，如此，他們就不需要為自己的人生負起責任了。

只要一直擔任受害者，個體就可以控訴這個世界虧欠他什麼，他不需要真的面對這個現實世界的挑戰及困難，也不需要為了自己的生存力爭突破或加以學習、調整。只要握有這個令牌，他就可以指定誰來為他承擔及解救。就算根本無法解救或承擔不了，他只要能召喚某人出現，受他指揮和支配，也算是一件在他心中具有控制感的事。在他認為不可控的世界裡，有人受他的情緒左右和操縱，不也是一件很有存在感的事嗎？

只是，可能常受牽連的會是身旁最無辜和無助的孩子。而受害者情結的個體，當年就可能是這一個孩子。所以，受害者情結的集聚和形成，其實是一種家庭文化和環境無意識不斷傳遞和製造出的產物。

特徵三：偏執人格

是的，受害者情結的人，需要的不只是控訴和索討被虧欠的（當然這部分是屬於主觀認知的），事實上，他們內心的自卑感和虛無感，會使他們很需要「存在感」，這方面會加強他們更需要被關注和被滿足。

自卑感是來自內心的自尊在早年生活中被損害或未建立成，可能是有任何一位不愛他們的父母家長或至親，或是他們認知裡應該有的理想童年樣貌，始終未實現，甚至是嚴重的經歷遺棄、暴力、忽視和身心虐待，這都將使得有著受害者情結的人，感覺到這是一個欠公道的世界，這世界的別人都是虧欠他們的。

不要小看這樣的一個認知信念，這一個信念若是在非常幼年時已形成，那麼在長期的日積月累下，它會在大腦形成一個無法撼動、調整、鬆綁的「應該」和「必須要如此不可」。一旦這樣的信念堅固若磐石，同時支撐著這一個個體的存在信念，那麼漸漸的，個體的不可撼動及執念，會使他發展成極具偏執性的人格。

人格是一整套的運作模式及型態，無論遇見什麼樣的環境、對象及處境，都會有接近，不差太遠的行為準則、情感反應及認知思維產生。受害者情結的偏執人格，會讓他們產生扭曲及偏執的信念，包括：

「只有我是對的」

「本來就應該如此」

「你應該給（符合）我要的」

「我是沒有辦法的」

在這四大偏執信念的運作下，許多受害者情結者的生命歷程，往往像鬼打牆一樣，始終在同一種循環中繞來繞去，而人際關係老是有著同樣的失落和重創（像是不得不面對分離及關係突然中斷、消失），當然，事業生涯的發展也會碰上許多阻礙和困頓。

在偏執型人格障礙的診斷敘述中，偏執型人格障礙患者總是懷疑他人，認為他人計畫利用、欺騙或傷害自己。他們覺得自己可能在任何時間，沒有理由地受到攻擊。即使缺乏實際證據及合理理由，他們仍堅持並維護自己的懷疑和想法，並強烈的合理化，且付諸行動。

通常，這些個體認為他人有已經嚴重地對自己造成不可逆的傷害。他們對潛在的侮辱、冷落、威脅和不忠過度警惕，並尋找言論和行動背後隱藏的意義。他們密切關注並尋求證據來支援自己的懷疑。例如，自己無法完成而將他人的幫助解讀為潛在的惡意企圖。如果他們認為自己被侮辱或被以任何方式傷害，絕不會原諒傷害自己的人。

他們會對自己感知到的傷害反擊或突然變得憤怒。因為不信任他人，個體會覺得自主和自我能控制掌握非常重要，但這種偏執性格下的自主和控制，不是成人成熟的自我負責下的自主和控制，而是猶如一個不講理、蠻橫、霸道的孩子，以非要不可的方式堅持己見，並要求他人符合及供應，若是不能如願滿意，則不放過對方的糾纏。

他們不願意傾訴或真正的發展與他人的親密關係，因為擔心對方可能利用自己，他們懷疑朋友的忠誠和他們的配偶或伴侶的忠貞。他們會非常嫉妒，不斷質疑配偶的行為和動機以證明自己嫉妒和懷疑具合理性。

在臨床研究的統計及診斷，偏執型人格障礙的主因，包括：

1. 早期生命失依失愛：幼年生活在不被信任、常被拒絕的家庭環境之中。缺乏母愛關懷，經常被指責和否定，親情缺乏的家庭更易出現有偏執型人格的個體。

2. 後天受挫：成長中連續地遭受生活打擊，經常遇到挫折和失敗，如經常受侮辱或冤屈。

3. 自我苛求：自我要求標準極高，並與自身存在某些缺陷之間構成尖銳的矛盾。但是卻從不公開承認自身的某些缺陷。如個子不高、長相不出眾、才能不突出等，其實，意識深層正為此自卑。

4. 處境異常：某些異常的處境也使人偏執。如沒有學歷的人，厭惡別人談論學歷；經濟狀況不好的人，迴避談論經濟收入問題；單親或關係複雜家庭的孩子，怕別人知道自己家庭的真實情況。

受害者情結者為何易產生偏執性的人格障礙呢？除了以上臨床上的描述之外，是因為具有受害者情結個體，成長過程中缺乏適當的引導，和陪伴、同理、溫暖的經驗，使他們能因此調整內在對世界的觀感、對他人的觀感，及對自我的觀感。他們實在太相信自己是「無力的受害者」了，然而明明他們的堅若磐石的信念是這麼「強大」，態度也可能很「強勢」，但他們堅持自己是「弱小者」、「無助者」。

正因為這些強大的偏執信念，在成長過程中，無法往正面學習及建立自信自我的方向去發展，反而更堅持的、堅固的、僵化的把自己留在「受害者」的位置中，以「受害者」的強大信念要脅索求及企圖控制世界如他們期望及符合他們的認知，才能安撫他們認為「自己是對的」的這個意念。

說個例子：

莉萍在心中，一直渴望有一份永遠不變的愛，能夠無限的、永恆的和無所不在，讓她覺得受到無微不至的照顧，而且無時無刻的關注她的感受和需要。她並不十分清楚自己對這種渴望有多強烈，但每一個曾經被她視為對象的人，都感受到這一份猶如要致命的控制及壓迫。

莉萍有過兩三個感情的對象，一旦是她「看上眼」的對象，幾乎沒有太久的時間，就會被她主動及積極的方式，很快的成為伴侶關係。

在感情歷程中，莉萍不用多久時間，就會開始懷疑伴侶可能正在和多位女性交往，或是企圖繼續尋找其他更喜歡的女性，為此莉萍要求伴侶必須要提交所有通訊的密碼、手機及信箱的密碼，並且所有的程式軟體都要讓她隨時想檢查就檢查。

在莉萍的心裡，認為男性都是花心的混蛋，用下半身思考的，就像是狩獵一樣，只要看見更想要的獵物，這些男性就會失去堅定和忠誠的和其他賤女人在一起。

莉萍完全沒有意識到，在她的世界裡，不僅男人是低等動物，女性也是賤貨和婊子。那些因為童年無意間在街上見過父親大剌剌的擁吻其他酒店小姐的醜態，和母親在家中被父親忽視歧視、無妻子權利的消極，都讓莉萍對這世界太怨恨也太難接受了。

在家中，父親也沒正面瞧過她一眼，她是家中的老三，爸爸比較喜歡二姐和小妹，而且寵溺小弟，因為小弟是家中的獨子，就可以任其所為，隨他揮霍。這些種種，都讓莉萍覺得這個家實在太齷齪、太噁心，她敵視男性也厭惡女性。

可是，莉萍內心並沒有因為這些不屑和厭惡，就對情感關係不期待，相反的，她非常期待有一個符合她想要的完美對象出現，撫平她面對世界的不信任，讓她經驗到愛的美好和安心，不用擔心被背叛，也不必擔心被欺騙。

這可說是莉萍這種偏執型人格的人最為矛盾的地方，在她內心深處她早已設下自己必定會被背叛和欺騙的受害者信念，並且深信不疑，卻又在面對到情感對象時，不停的去試探、查驗、懷疑，表面上她想獲得可以放心和感到安全感的證明，但實際上，她的內心無論如何都無法接受和信任對方是忠誠且不會欺騙的。

偏執型人格障礙，一旦形成以後，即具有恆定和不易變動性。如此的受害者情結的人，由於偏執型人格的強化，某些方面情緒模式和行為反應會更加突出和過分地發展，而且本人對自己人格扭曲缺乏正確的意識感和理解。

諸如：表現過分的固執、敏感多疑、過分警覺、心胸狹隘、好嫉妒；自我評價過高，過分認為自己的重要，傾向拒絕客觀思考，拒絕接受批評，對挫折和失敗感過分敏感在意，如受到質疑則出現爭論、詭辯，甚至衝動攻擊和好鬥；常有某些高標準看人，不安全感強烈、易於不愉快、缺乏幽默感。

這種人格特質的人經常處於戒備和緊張狀態之中，尋找懷疑偏見的根據（任何風吹草動都可以，甚至沒來由的），對他人的中性或善意的動作歪曲而採取敵意和藐視，對事態的前後關係缺乏正確評價，容易發生歇斯底里的嫉妒。

可想而知，與他們進入關係的人，或處在關係中的人，會有多大的困惑和冤枉感，可以無憑無據下就被認定做了欺騙他的事、背叛他的事，甚至直接諷刺及攻擊你非常難聽粗魯的貶抑話語，而且越是污穢的話語，他們越是會口無遮攔的寫出來或罵出來。

對於受害者情結的人，他內心巨大的愛匱乏及情感空洞，讓他們騰出太多空間裝進恨、委屈、嫉妒和怨恨，而這些負向的情緒，讓他們幻想出非常多的黑影及關係災難，使他們迷失在內心自己設下的迷魂陣，無法還神，也無法清醒。

事實上，他們一直渴望有人愛他們、一生不離開他們，把他們視為至寶，任憑他們左右及支配，這會讓他們感到無比的舒心，和獲得「賦權感」

（empowerment），只有人在他們的控制下，完全照著他們的意念行動，成為他們執念下的俘虜，他們才會讓對方獲得情緒和情感上的平息，稍微參與他們短暫的心靈平靜。

他們雖是關係中，以受害者之姿操縱及控制別人的人，但他們其實不知道自己在做什麼，而是他們過於投入內心幻想出的各種傷害劇情，於是焦慮恐懼，同時敵意憤怒的對著世界揮拳動刃。

於是，這樣的一段關係不僅風波會不斷，還會讓關係中的兩人注定走向令人崩潰或瘋狂的結局。

特徵四：敵意及攻擊傾向

具有受害者情結的個體，大多具有攻擊傾向，若不是強烈攻擊（咆哮、怒罵、抓狂、崩潰），也會是消極性攻擊，用弱者的姿態攻擊別人，指責別人都是惡人、壞蛋、霸道之人，有些甚至會以自殘及傷害自己的方式進行對別人的攻擊，但其本意是要獲得關注和滿足。

這種心理反應的特徵，來自他們心中根深柢固的「敵意」，因為內心對環境、世界有強烈敵意，因此內心時常處於「害怕隨時被傷害」的焦慮不安中，而必須時時刻刻警備，全身都要像刺蝟一樣，敏感到發現任何的不對勁，就立刻判斷是危險訊號，不加以辨識，先啟動防衛再說。所以，受害者情結的個體往往不管三七二十一，只要他覺得又再欺負他、輕視他、敷衍他、忽視他，他內心受傷的情緒和對外界的敵意反應，就會立即瘋狂掃射，對著他主觀認定極具危險的對象。

但他們仍會看情勢以及看對象，雖然他們是無意識的，但在短短的本能反應裡，他們仍會去觀察及感覺，面對他眼前的「敵人」，他應該要強力、激動的抗爭攻擊，還是要消極的沉默抗議，以糟蹋自己和傷害自己來做為控訴。

卡倫・荷妮（Karen Danielsen Horney, 1885-1952），一位醫學博士，德國心理學家和精神病學家，新佛洛伊德學派研究者，提出了「基本焦慮」的概念，認為兒童在早期有兩種基本的需要：**安全的需要和滿足的需要**，這兩種需要的滿足完全依賴於父母，當父母不能滿足兒童這兩個需要時，兒童就會產生基本焦慮。

她認為：缺乏真正的溫暖和關愛是造成基本錯誤的決定性因素。一個兒童在真切感受到愛護的情況下，他們能夠忍受突然的打擊及或是偶爾的責罵，一些日常的創傷。但是，孩子也有能力去敏銳感受到，關愛是否是出於虛假的情感，而非真實。

當孩子無法從有神經症患者（焦慮性、強迫性、敵意性）父母身上獲得穩定、安全的最佳關照，而可能在一個具有敵意父母的身旁，經歷父母不穩定的態度及作為，例如：偏袒他人、不講理責備、不兌現諾言、忽而寵溺忽而嚴厲、粗暴羞辱，都將破壞孩子的生存安全感需求，而引發孩子的挫敗和敵意。

這生存的基本焦慮是自個體出生後，因受環境種種缺乏溫暖和安全的影響，所形成的無助感及恐懼感。當父母無法就幼兒的身心需求設置有利成長的理想環境，甚至有些父母，對幼兒過分苛求，或是過度放縱，致使幼兒無法在充滿愛意與安全穩定的環境成長因而形成了神經症，有此情況的患者掙扎於三種因應基本焦慮的反應類型中，這三種反應類型（或神經質傾向）分別是依從、攻擊與逃避。每類神經症都代表著一種性格：

依從性格（compliant character）：指個體缺乏獨立，強烈需求別人的關愛，依賴別人情感支持的性格，在表面上是親近信任，而在潛意識中卻是藉依從消除內心的焦慮感。

攻擊性格（aggressive character）：指個體對人持敵對攻擊態度，藉以攻為守策略來取得別人的重視和關注。

離群性格（detached character）：指個體不與人親近的性格，表面上是獨善其身，而潛意識中卻是對人際感情敏感，借離群以保安全。

這同時也說明了具有受害者情結的個體，為何會有敵意和攻擊性格。受害者情結的個體，大多起源於早年兒童時期的經驗，有過多覺得被惡待、忽視、攻擊、冷漠不理會及羞辱的經驗，這些錯誤的對待方式，皆不是立基在滿足及提供孩子內心安全感的動機上，因而造成需要溫暖及關愛的孩子，無法經驗到愛和呵護，還引起內心莫大的無助、驚愕、挫敗，甚至仇恨，又怎麼可能會發展具有溫厚及涵容的性格呢？他心理必潛抑了許多早年生活經驗中的不滿、憤怒及所經歷過的殘暴，在無意識中，認為世間的一切事物對他來說就如他幼年經歷的環境、面對過的照顧者，都是充滿了危險。

華安就是這樣的一個個體。就她所述，環境中的一切都是對她不友善、不利的。幾乎遇到的人，不論一開始的起頭是什麼，最終都會是她口中「可惡至極」的人。不管對方的身分或角色是什麼，華安都會出現非常強烈的不滿和敵意，只要認為對方沒有善盡職務和「應該要」的表現，沒照著她的需求來回應，她就無法抑制的發怒，用各種方法表示她的氣憤和指責對方的失職。

有一回華安至餐廳用餐，她的餐點遲遲未來，她看著隔壁桌比她晚進入餐廳的客人已經有餐點上桌了，她無法抑制的摔掉筷子，對著店員怒吼：「你們會不會太過分！太離譜！明明是我先來的，我已經等了十五分鐘了。這是什麼爛服務、爛店，是看我一個人好欺負是嗎？」說完，華安不等店員解釋，即站起來說：「我不吃了，爛店，以後不會來了。」

還有一次，華安在咖啡店，覺得隔壁有一群人嘻嘻哈哈很受打擾，對著他們比了「噓」並對著他們說：「可以請你們小聲點嗎？你們吵到我了，不然請你們換位置。」那一群人有些訝異，但收斂了聲音，變成低聲說話，當華安看見他們在笑時，直覺他們在議論她、笑話她，就怒不可抑的對他們咆哮：「笑什麼？有什麼好笑的？仗著你們人多就可以欺負人是不是？你們通通都該下地獄。」

這些情況時常在華安的日常發生，彷彿全天下的人都和她過不去。所有她遇到的人，都會是欺壓她、漠視她，不然就嘲笑她的人，令她忍無可忍。可是，就算長期下來，華安已感覺到自己精神耗弱、焦躁不安，全身上下也到處感到莫名疼痛，但她還是每天緊繃過日，小心翼翼地偵測環境中誰在欺負她、誰在漠視她。她就像是身上穿著千斤重的盔甲，手持厚重盾牌及長矛，不僅自己無法輕鬆自在，也讓周圍他人個個都莫名緊張。

這世界當然會有惡意，這世界也不全部都是友善的人，但最大的差別是有著受害者情結的人，他們是無法辨識清楚事實，而以自己過度推論及自動化反應，就立即將他人歸為會傷害他的「敵人」，而開始進行攻擊和討伐。在他們的生活世界裡，被他們視為敵人的數量和頻率，是相當密集的，甚至可以到沒有例外的程度，這種帶有大量敵意過日子的狀態，非一般人可以承受的。

特徵五：自我中心

我們都會有主觀的時候，也都會有自己的立場和角度。在自我認同的過程中，了解自己的觀點、感受和思考脈絡，是很重要的自我建立過程。但這都不表示是「自我中心」。

自我中心，是一種僵化及執著在自己是唯一正確的角度，把自我當世界的中心，但這個自我是沒有能力進行換位移動、客觀思考、觀察分析的幼兒自我的狀態。就如一個孩子一樣，在他的內在運作過程，他只能想到他自己，也全是他自己，任何一個別人都不會在他思考及想要了解的範圍裡。簡單的說：具有受害者情結的個體，對別人沒有任何興趣，當然也不會想和對方進行任何了解、關心。

他全部考慮的只有自己；自己的感受、心情、想法、需求及慾望，在他想要獲得滿足及擁有的過程，他是沒有能力或是方法去關切及了解為什麼別人不能、不願意或做不到。他就算口頭上表示他知道為什麼別人不能、不願意或做不到，但也不是來自深層的理解、同理及洞察，仍會是一種哀怨式、委屈式的指責別人的不能、不願意和做不到。

對沒有受害者情結的人來說，若是從心裡尊重、同理也明白了別人的不能、不願意或做不到，我們會感受到失望或難過，但會帶著接納他人的選擇和意願下，調節這一份失落或失望的發生，然後繼續調整或移動可能的可行方式，試著以更多元的方法，或更有創意性的策略，來完成或實現自己的目標或是需求，而不會執著或僵化在某個人、某個物，或某項方法上。

但具有受害者情結的個體會如此，他們的自我中心傾向，會讓他們執著及僵化在非要某個人、某個物及某項方法上，才是他們認定的被滿足、被回應及被關愛了。不以他認定的方式給、不依照他的要求回應，都會立即的、全面的、絕對的，被他視為「完全沒有」關懷和提供他。這種一定要照著他的要求及標準來回應、提供及滿足他，常使他和別人的關係緊張，並且充滿強迫性和支配性。

正由於自我中心傾向，他也不接受說明、解釋或是任何的對話和溝通。我說過，他們對關心別人、了解別人沒有興趣和意願，因此，當別人想要說明或嘗試互相更多了解時，具有受害者情結的個體，已經被自己滿腔的不滿和挫折佔據，聽不進任何別人的說明或解釋。再者，他會非常直接的，以一種直覺式的方式覺得別人都是推託、敷衍、找碴、冷漠、不理會……根本就不應該會有什麼困難及問題。

自我中心的傾向，往往影響具有受害者情結的人，失去社會化的能力，無法具有社會情境敏感度，知道如何拿捏和辨識在一個合理及理性互動的社會情境下，需要有什麼樣的應對進退技巧和對話能力，來讓互動過程有一個和平及合宜的結果。他們不僅常會出現打破砂鍋問到底，不然就是狂問：「為什麼」，再不然就是以一個任意的負面標籤，貼在讓他不滿意的人身上，比如說：「我覺得你很沒愛心，你不知道我現在需要什麼嗎？」、「你是一個高傲勢利的人，瞧不起我，為什麼不好好對我說話」、「你很沒用，我覺得你沒有在解決我的問題」……這種只從自己角度出發的論述，而無法有任何平衡雙方觀點的敘述報導。

喬柔，一個在職場工作的三十幾歲女性，因為她的工作需要統籌許多部門的資料，並匯集各部門的工作項目，因此常要聯繫及追蹤不同部門的同事。但她每天都覺得很煩心焦慮，也覺得很不如意，她希望大家要知道她這個工作位置很辛苦、很不容易，應該要主動的給她資料和進度，並且不要讓她三催四請，陷入焦慮緊張裡。

她每一天上班，都覺得壓力很大。她覺得每個人都擺臉色給她看，好像她是最沒分量、沒地位的，她甚至覺得有人會斜眼瞪她、擺明不喜歡她。這種壓力，讓她無意識敵視起那些部門同事，有時候她會不自覺愁眉苦臉的對著那些人，有時候她又忍無可忍地怒氣沖沖，用很衝的口氣說話。她覺得每天要應付這些不可控制的人，實在太煩了，她怒不可抑：那些人根本都是對工作沒心、冷漠、不負責任、懶散、事不關己、又沒同事愛的自私鬼，只有她這麼辛苦、委屈。自己承受那麼大的壓力，卻沒有人願意多幫她忙、支持她、照顧她，真是一個令人寒心及失望的地方。

自我中心傾向的人，因為心中只有自己，沒有別人的真實存在，別人都只是一種應該來供應、符合或滿足他的工具，因此，在他的感知中，別人不是他需要去接觸、認識及了解的「人」，當然無論看起來互動多久、相處多久，他和別人的關係都不會有深度，也因為無法對話（只顧自說自話），無法建立一種有交流性、互惠性的關係。

對受害者情結的個體而言，他們只想到自己要的，是不會真正為別人給予和付出。就算是一時給予和付出，也會計算著要收到什麼回報，或是別人應該要如何反饋，而不是真正的起源於愛和分享。自我中心的特徵，會加重這個情況，他們會以自己應該是被給予及滿足者作為訴求，而更加忽略去理解和關切別人的處境和立場，也就更加深加重自己是「受害者」的心理。

特徵六：情感匱乏

受害者情結的個體共同的現象，就是有一無底的情感黑洞，來自情感的極度匱乏。那處情感黑洞，總是釋放著：「我要」、「給我」以及「我需要」。

宮崎駿所創作的動畫《神隱少女》裡，有個無臉男，沒有表情，沒有實體，以幽靈的虛無感存在，就非常符合受害者情結者這種「自我感」薄弱，內在卻彷彿有永遠匱乏不足無底洞的漂浮生物。

這種好似沒有實體，也沒有自己根處，無法自給自足養分的生命，是曾受背叛和遺棄的創傷遭遇糾結而成，因愛及修復缺乏所形成的巨大空洞，所衍生而出的「我要」、「給我」……

若是沒有辦法正視自己，並且鍛鍊自己滿足及滋養自己的能力，那麼，不僅會被自己的空虛及情感匱乏吞噬，還會以空虛寂寞的呼求聲，獲取他人的關注，吸取他人的能量，來以為自己沒有那麼弱小及空洞，還是有人關愛，還是有人要。就像是《神隱少女》中的無臉男，總是覺得不夠不夠……我好餓好餓……

受害者情結的個體，都有早年生活被剝奪關愛及需求滿足的經驗，也許是想要的幸福童年遭破壞，或是渴望的親情受剝奪，甚至是身體安置的安全空間、衣物、慾望……等等，都遭受毫不留情的剝奪或拒絕給予。

這種長期的匱乏、不足、沒有的感覺，讓受害者情結的人內心有強大的不安全感，很怕「沒有」或「失去」情景的觸發，焦慮不安的情緒會一發不可收拾。因此，即使他們的言行舉止總帶給別人不舒服的攻擊、索討及尖銳打擊，他們還是會求著要回到關係裡，或是暫時以討好者姿態求饒，告訴對方自己行為會改變，或者自己在情感上不會那麼依賴。然而，這種承諾沒有時效性，可以下一分鐘，或隔一天就再來崩潰性的情感索討，及致命性的人身攻擊。

而短暫的示好，反而是累積和證實自己確實被剝奪、被欺壓：「這些別人唾手可得的幸福，我卻要用乞討、索求，才能得到，果然這世上沒有真心疼愛我的人，我確實是一個注定被背叛和遺棄的受害者。」當示好與忍耐，終於換得別人的關注後，那份委屈與屈辱，逼使自己要對方加倍奉還，自己也要更加小心翼翼「看管」好心裡那份揮之不去的不安全感，絕對不能輕信別人對自己的好，那一切都隨時可能是一份更狠毒的背叛和欺騙。

情感匱乏的人，無法收下他人真心的關懷，也拒絕接受這世界上會有人愛他，因為任何相信都可能讓自己有被耍的感覺。他害怕當自己有一刻相信了，下一刻得到的就是背叛和拒絕，這實在是他們心中覺得太可怕的事！所以，這是個矛盾的循環：越是空虛和匱乏的內心，本應需要接受由外而來的關懷和溫暖，卻往往更加的拒絕及排斥被關愛及支持的感受。

凱傑在童年時，父母失和，在幼稚及不負責任的作為下，父母兩人都放棄了照顧凱傑，導致凱傑必須由爺爺奶奶接手撫養，在他有記憶以來，就沒有見過自己的父母在同一個屋簷下生活，他們偶爾會出現，但出現的時間大概只能用分鐘數，像是看一眼表示自己有盡到身為父母的責任，人就閃了。

凱傑忘了自己幾歲開始，就一直覺得好孤單、好寂寞，不過他知道自己喜歡有朋友，常常會希望不論到哪裡都有很多朋友，也喜歡被朋友簇擁關注的感覺。但是，凱傑內心深處卻有一塊任何光亮都照射不到的陰暗，朋友們如何也無法想像，看似廣交樂觀又好相處的凱傑，最恐懼甚至到厭惡的，就是朋友真心關懷的溫暖。那些溫度像是會灼傷他，他無法靠近、無法承接，甚至無法承認。他要的感情，深淺、遠近是由自己控制的，大家只能和表象上的他相處。他喜歡和大家，嘻嘻鬧鬧、愉悅地、歡快地，卻探不到他內心深處幽暗之地的相處方式。

雖然，曾經有那麼一兩位朋友對凱傑說過：「我們認識也算久了，但我始終覺得你好神秘喔！」或是「我覺得我們之間有跨越不過的距離耶！」只有那真正與凱傑進入親密關係的人，才會稍微觸碰到凱傑內心的幽暗。他曾經對某任交往不久的女孩說：「你終究會離開我的。」

而每當那些在親密關係中的對象，想要關心或是對凱傑表示溫暖的支持，都會換來凱傑的不悅和懷疑。有一回，凱傑臨時要加班，那時的女友特別帶杯咖啡到凱傑公司給他，想要在附近的咖啡店等他加班完，一起聚聚聊聊再返家，但凱傑的反應卻是對著女友說：「你是不是專門來確定我真的加班，好去跟別人約會？」

那時的女友聽到凱傑的回應，覺得很詫異，連生氣都忘了，只覺得凱傑的反應怎麼會是這樣呢？和一般人反應那麼不同，一般人應該會是感動和覺得甜蜜才對啊！

又有一次，因為知道凱傑說過喜歡某一款的手錶，恰巧凱傑生日將近，凱傑女友特意買了那款手錶做為生日禮物，想讓凱傑驚喜一番。沒想到受到驚嚇的反而是自己，因為當凱傑看到女友拿出那款手錶當禮物時，凱傑居然勃然大怒地說：「是哪個男人陪你去買錶的？你居然偷偷背著我和男人去逛街，還買了戰利品要向我炫耀！」

女友越是和凱傑相處，越是搞不懂他的情緒和那些無常的喜怒反應。有時明明凱傑曾經說過自己喜歡的餐廳菜色，特地陪著凱傑去吃，或是買來給凱傑吃，那份美食都會突然變得像是有毒似的，讓凱傑斷然拒絕品嚐，甚至板起臉孔，足足生上半天的悶氣。

但若女友真的挫敗了，想分手了或拉出和凱傑的距離，不再那麼熱情及回應凱傑，凱傑就會感到十分不安及被自己內心的匱乏凍傷似的，亟需女友的回應和安撫，並遲遲不願分手。

所以，凱傑的任何一段親密關係，都有這樣的混亂和情感糾葛現象。直到最終，情感關係都在戲劇性的兩敗俱傷下，不得不劃下休止符。

這就是由嚴重情感匱乏所衍生出的懷疑及不信任，情感匱乏者認定在這世界上的溫暖和愛護都是「假的」，畢竟他們從未體驗過。同時，也是一種絕對不能接受的偏執，因為他們認為一旦輕易接受了，就有可能遭遇到擁有後的失去，更嚴重者，甚至認為他人的溫暖和關愛都是有企圖的，其背後的目的都是為了傷害他。因此，他們要自己堅定認為溫暖和關愛根本不可能存在於這世界上。

受害者情結個體最害怕的正是無法再躲在習慣的匱乏中自憐，倘若接受了他人的關懷、溫暖，自己就此成為接收者、擁有者、幸福者，那既定的受害認知及信念，豈不是應該要被調整及改變，那不就代表過往自己認定的悲劇角色都是不對的？

他們不喜歡挫折及認錯的感覺，因此絕不能為自己認定的事情認錯。

何況，那種陌生的溫暖溫度，和長久以來習慣匱乏的冰冷感相比，陌生的溫度充滿了危險，是一種未知，也是一種無法控制感。還是算了吧！他們寧可認定只有不幸和邪惡，才是這世界的真實，而自己還是那一個因為剝奪或被拒絕的可憐匱乏者。

情感匱乏之者，內心都有一個含冤含怨的幽魂，就像無臉男一樣的飢餓和空虛，沒有自己的臉，也沒有實實在在的實體存在，只有那像從黑洞傳出來的無盡回音：「可憐可憐我吧！我好餓好餓啊！」當然，不是真的生理飢餓，而是對愛、對情感的飢餓感與匱乏感，讓他始終拘禁自己在黑暗的內心地獄中掙扎。

如果，你也是一名情感匱乏者，不要放棄超度你內心那含冤哀戚的情感重創受害者幽靈吧！唯有你真實的接收得到愛及情感撫慰，真的與愛連結，而不再與自憐結盟，那空洞才不會像無底絕境一樣，始終留不住身為人都需要的溫暖和愛。

特徵七：不願意承擔責任

受害者情結個體經常以怪罪別人、指責別人的方式，撇開自己需要改變或行動的責任，並且塑造「我都沒有錯」的形象。這也是一種低自尊者的反向行為，以「錯的不是我」來表示自己的沒有瑕疵及沒有責任需要擔負什麼，才不會讓不穩定的低自尊再受到衝擊而搖晃，這其實也是一種對自己完美理想化的偏執。

當人越強烈的譴責外界、怪罪別人，就代表他內心其實很脆弱、很恐懼，他怕自己不好，或被責備數落，以致他無法承擔起屬於自己的責任，包括自我的選擇，及自我的作為。內心脆弱卻想迴避及否認的人，即使在事件過程中，也有自己的行為和意念參與當中，他們也會說：「都是別人做了……我才會……」，或是：「我也是情非得已，不得不……」。

這種逃避自我負責及拒絕承擔的人生的心態，讓他將不符合期待及拒絕他的人，視為可惡的壞人，有著：「**我都是被害的**」的憤恨感。

因為潛意識對自己產生否定和羞恥感，當任何會引發他羞恥感發生的情況，都會自動化、立即的被他反彈、推拒、防衛抵抗。而這些防衛抵抗的最快方式，就是否認當中有自己的責任和選擇，然後強力的責怪別人。若此人是他無法直接責怪的（因為位階或是身分的關係），他就以自憐的方式責怪自己，把自己貶抑和控訴得一文不值，以此換得別人的安慰或停止批評。

麗莎好幾段感情都是挫敗收場，她選擇感情的對象，並沒有從戀愛經驗裡獲得啟發和領悟，只要她覺得對方顏值超帥，是自己會愛慕的樣貌，她幾乎是無從選擇的只要對方示好，她就飛蛾撲火般的奔向他。

為了維繫這樣的感情，麗莎用的方式，就是盡可能滿足對方，對方只要開口，或表示了，無論那是什麼，麗莎就一定辦到及給予。金錢、性愛、物質、服侍、照顧，只要對方說他心中的女朋友應該是怎樣的，麗莎就想辦法成為那樣的。

但是，這樣的感情關係，總無法持續太久，一個月、三個月，最長到半年，麗莎就會發現那些對象開始不把她當一回事，忽視她、指揮她、濫用她及剝削她，最過分的是，若是對方想追求哪位女生，還會叫麗莎消失幾小時，不要打擾他、破壞他。

曾經有一位交往對象，還曾在和別的女性曖昧互動時，告訴麗莎，只要她乖乖的、不吵不鬧，他就不會離開她，也許最後還是會考慮要和她穩定下來。

這種無視麗莎的存在，絲毫不尊重麗莎感受的行為，並沒有讓麗莎清醒，試著去思考這樣的男性究竟是不是適合交往、可以信任的對象，反而不斷的哭訴哀求，要對方不要遺棄她、不理她，她什麼都願意配合。

只要進入一段關係，麗莎就是無法自控的死命要維繫這段關係。

所以，麗莎從未主動的想要終止這樣的關係。當這段關係一旦宣告終止，不是對方不告而別，不然就是惡言相向，麗莎都只能被動的承受那些人結束關係的方式。

然後，當這些關係都反覆出現這種拋棄、不忠、暴力及羞辱的情節，麗莎便沉溺在很受傷的心境中，不僅自憐，還不斷的向外哭訴委屈，說自己在關係裡是多麼的「無私」、「忠誠」、「不顧代價」，即使付出到沒有可以給的，也總是努力想辦法維繫關係，甚至希望自己可以透過在關係中的努力，讓對方感動，知道要迷途知返。

在所有的訴說裡，麗莎把自己說得盡善盡美，也把自己說得楚楚可憐，任誰聽了她的敘述，都會肯定她遇到了爛人，而她是這麼的鞠躬盡瘁，實在很為她叫屈，也為她覺得不值。

可是，若是有人提醒她是否也有自己的責任，因為她好像始終都會遇到這樣的對象，是否能試著反觀，會不會是自己內在的什麼狀態，讓自己如此允許任人糟蹋，麗莎就會憤怒，覺得不被理解及接受，怎麼可以在她這麼受傷的時候，還要她檢討自己？

所以，麗莎無論情感挫敗了幾回合，她還是會在一瞬間墜入愛河，又在遭遇非常悽慘的情況下，無能為力的任人糟蹋和羞辱。所以，麗莎身邊的友人，從原本關心、擔心、鼓勵和陪伴她面對及走過那些傷心的戀情，漸漸的，不再多說什麼，慢慢的退出和麗莎的接觸，不再聽她訴苦及重複講那些細節。

在麗莎的主觀裡，她不只在愛情關係裡，受人欺負及糟蹋，在友情關係裡，也遭受他人的遺棄及遠離。麗莎不懂到底發生什麼問題？為什麼衰事就是會發生在自己身上？明明自己人這麼好，明明自己這麼善良，為什麼這世界上的人都這麼忽視她、不重視她？

有受害者情結的人，對於反思自己身上的作為及起心動念，幾乎無能為力。他們抗拒檢視自己，因為內心的自卑感，讓他們覺得檢視自己，就是被指責不夠好、不完美，那是他們極其脆弱的內心，非常恐懼的事。所以，他們常說：「我不知道為什麼會這樣？」、「我沒有想太多」、「我沒有料到會變這樣」……

他們的內心缺乏承擔自己生命責任的韌性，只要有一點挫折或打擊，他們就彷彿被折翼或斷裂，掉落在無盡的深淵、被憂傷及自貶淹沒、懷疑自己人生的意義是什麼，甚至出現絕望感。

為了避免掉落在這種絕望感的危險邊緣，受害者情結個體就只能用力的把自己所有不想承受的責任及自我歸咎，全拋向外界，指責及控訴外界不如自己的預期，辜負自己的期望。

所以，受害者情結個體可說是沒有能力從「自我中心」的天真位置離開，他對世界及別人的認知設定，都應該符合他的劇本編寫，若是違背及不符合他認定的劇情走向，就是十足的迫害者，淨做破壞及邪惡的事。

同時，當他們把視為「惡」的壞事發生都歸咎於外界時，等於在撇清自己和「惡」無關，絕對是別人可惡和可恨的作為，帶給自己生命的損害和傷害，自己是一點兒責任都沒有的。

那麼，我們其實不難發現，有受害者情結的人在整合及協調好與壞、善與惡的發生，出現了困難，他們為了鞏固自己的完美無瑕、善良無害的形象，把所有的壞及糟糕，都歸向了外界及別人。然而事實上，沒有人是完美的，也沒有人可以從一件事的過程裡完全規避責任，為了心中偏執的「我是全好」的完美理想化自我期待，即使當中有自己的失誤、錯估或是逃避心態，受害者情結的個體也絕對不予承認。畢竟，他們認定自己是無瑕疵、零失誤的，又怎麼可能有他們需要面對及負責的錯誤呢？

特徵八：病態的悲苦角色

受害者情結個體都有幾乎是上癮式的悲苦控，他們擁抱悲苦，視悲苦為自己的價值，如果不以悲苦呈現自己，他們就不知道自己是誰？自己為何存在？

「我是這麼這麼受苦，承受這麼多巨大的苦楚，可憐可憐我吧！我好無辜，好受苦啊！為什麼沒有人在我身邊啊！為什麼要讓我那麼寂寞、痛苦和無助啊？」

他們無法以理性和思考面對現實生活的問題，還會誇大地表現出自己的軟弱和無助。

這是華人社會長久傳遞下來的受苦文化。特別是女性，為了證明自己的「好」，必須不斷以吃虧、吃苦，吃掉所有的不甘心、不甘願、委屈、痛苦，都一併吃下，才以為自己生命是有價值的、精神是完美的。

這種從很小開始，就無意識地以吃苦，甚至受虐，來當作一種自我存在的證明，卻同時累積許多情感缺乏關照，把自己視為一個不配得到愛與關懷的人，只有別人要他吃下的苦，他便毫無異議的強迫自己吞下。

吃的苦這麼多，吃到自己的心都碎掉了，人也壞掉了，哪能不覺得被這世界辜負及拋棄呢？所以，越吃苦的人，越覺得自己被這世界所害、被別人所忽視，然後出現：「都是他們對不起我」的怨恨念頭。

但即使心有不甘，也早就不平衡，但若是有人告訴他可以不用吃苦了，也不要再委屈自己了，他反而會覺得自己是否沒有用了？不再被需要及在乎了？而出現一種不情不願離開受苦的情境。再者，他也無法就此停止早已形成的病態受苦的神經症反應。為什麼呢？因為在早年無法獲得正向情感安撫及滿足的個體，透過受苦的形式和歷程，來自我滿足內心的空虛和無意義感。

所以若要他們不要再吃苦、受苦，離開那些受苦的情境和不當的對待，他們反而會無所適從的呢喃著，這樣會讓他們內心產生許多罪惡感、愧疚感，好像自己很罪惡或很不道德。

也就是說，這種受苦傾向，混淆著真實的痛苦感，而藉由這痛苦感激發出內在一種「存在的獨特感」，讓個體內在產生：「你知道我吃了多少苦嗎？」、「我吃過的苦比你吃過的鹽多太多了」的一種優越感和偉大感。所以才會讓周圍的人感受到，好像此人倚著自己的受苦，強迫他人的忍讓及滿足，否則就是無視他的受苦情操、無視他的犧牲和承受。

在一些具有宗教信仰嚴厲規範的家庭裡，或是社會長期下來的集體無意識，都可能使我們內心隱藏著「受苦受虐即是靈魂昇華」的彌賽亞情結（或稱救世主情結）。這無意識的殉道者原型，若是和受害者情結的孤兒原型交互作用，那麼，這不僅加乘了受苦的病態性強迫傾向，讓受害者情結個體不可自拔，同時還會以趨向自虐的方式，以悽慘的遭遇增加自己的悲苦感。

即使身旁的人已看不下去，甚至不斷的干預來企圖阻止個體不停的掉落至悲慘深淵，以終止個體的自怨自艾和痛苦的發生，但那對受害者情結個體來說，這將導致他失去存在的意義，也使他早年所承受的苦痛，一併失去了意義。

對受害者情結的個體而言，「病態受苦即是意義」，這種沉溺於痛苦的循環之中，反而激起個體一種「我是多麼努力的求生，又多麼能忍受別人所不能忍受的痛苦」的自我撫慰。即使，這種以痛苦換取自我撫慰的補償歷程，他們完全無意識，根本不知道自己究竟在做些什麼。

事實上，人類的生活當然伴隨著痛苦，成長是痛苦、疾病是痛苦、失喪是痛苦、求不得是痛苦，還有老化及死亡也是痛苦，但在沒有病態受苦傾向的人身上，我們會看見痛苦雖然存在，但人會以他內在的資源和功能，去連結外在的資源和幫助，來一方面調節自己適應這些痛苦的歷程，另一方面從這些痛苦淬煉出面對生命實相的智慧，進一步修通自己對人生的理解。

但受害者情結的個體，由於「情結」在內在深層猶如打上了死結，使其經歷到痛苦就像是墜入到某種情緒漩渦，在失去自主感和自我意識下不斷的循環某些情緒情節和反應，好像跳針一樣，只要一被勾住了某種內心不好的感受，這病態的受苦傾向就會出現，讓個體執著地破壞自己可以獲得的解脫與真實的快樂。

受害者情結的人格會如此奴役個體整個人，讓他們沒有別的方法，也無法行使思考，必須被受害者情結這個次人格控制及支配。他必須受害、他必須受苦，彷彿必須如此才能完成他此生的命定。

無論這是來自我們長久的華人文化所影響，或是神話、童話及戲劇帶來的潛移默化，又或者是原生家庭一代傳一代的受苦形象複製，若是我們無法從意識開始，試著和我們深層那些不被我們覺察的無意識內容溝通、對話，進而賦予自己新時代的人生見解和意義，我們可能都難以真正的離開受苦傾向，終止以受苦來證明自己存在意義的自動化導向。

對具有受害者情結的個體來說，受害意謂著某種受苦，無意識的反覆停留在受害感覺裡，可因此撫慰及滿足自己無意義的生命空虛感，這是我們不得不了解的內在需求。

而為了讓這種內在需求不斷地得到相似的內容和材料運作（就像蒸汽火車需要添煤炭加熱水來產生蒸氣運行），受害者情結的個體用扭曲的信念信條讓生活的情境，反覆製造出相似的受苦情緒感受，加深被環境所害的感覺。接著，我們來了解這樣一個個體，內心猶如孤兒的無助小孩時，會以什麼樣的扭曲信念信條，來讓他設定的受苦、受害情節反覆上演。

◇扭曲的信念

比起承擔起自己的生命責任，具有受害者情結的人，更傾向怪罪別人與命運。

對他而言，如我們前兩章所說，他的內在封存在童年無助的狀態，抗拒長大，不想面對自己的生命重量（責任和挑戰）。但若要他承認自己的逃避及錯誤，這又是他無法承受的（這會讓他認為自己是不好的），因此，怪罪別人讓他的心理，有了一個理由或藉口合理逃脫，減輕內心壓力。

正因為如此，受害者情結的個體，會有永恆無助的情感操縱上演，操縱著別人的情緒，引發別人的恐懼、罪惡感及同情心，必須為他的需求扛起責任。

這些弔詭的人際陷阱，都有著受害者情結個體的固執信念，幾乎無法鬆動。所謂的固執信念，就是他們認定了別人為惡、自己為善，同時又有自己的生命是低下的、沒價值、不重要的扭曲信念。因此，他們的所作所為，所反應出來的情緒和想法，都是符合這些扭曲的信念下所產生的。

也在這樣的情況下，他們會無意識的透過言行舉止及人際互動歷程，讓別人成為「加害者」或「壓迫者」，讓自己繼續可以擔任「受害者」，這樣才能讓情勢走向他預期的結果：「別人好壞，我是多麼善良無害，只能被惡人欺負欺凌，遭人迫害。」在這樣的結果下，受害者情結的人便能更加印證自己的扭曲信念：我對生命所發生的事無能為力，我只能任人踐踏及宰割，都是那些無良的人害我的。

那麼，在無意識下，他們所進行的情感操縱心理遊戲會如何上演呢？在什麼樣的人際互動下，他們可以讓扭曲他們信念的結局一再發生呢？答案就是「下餌」，在人際關係互動的起點即下入餌，讓不知情，或是有對應關係的人（例如有拯救者情結的人）被餌勾住，而進入一連串負面感受的人際歷程，重複印證「加害VS.受害」的情節上演，寫下不愉快、衝突、決裂，甚至兩敗俱傷的痛苦結局。

這些情感操縱心理遊戲的餌，包括一個人際互動中的口語特徵，或是一連串人際互動後的負面情緒表達。不論劇情是如何開始、有什麼經歷、是什麼樣的後果，都會發生「受害者情結」者，對人際關係對象的指控和怨恨，並在一種鬼打牆狀態下，反覆循環繞圈圈，怎麼也說明不清，怎麼也核對不了。這些心理遊戲的餌，同時也是一種負面人際互動經驗的陷阱，包括有：

「都是你害的」

以這一句「都是你害的」，勾動他人不安和罪惡感，讓別人以為真的是自己一手造成的，而抱有虧欠及補償心態，以順從或討好，來令受害者情結個體滿意，以消解自己無法調節的各種混亂、衝突、複雜的負面情緒。

「求求你……可憐我吧！」

這一句話，是最能釣起同情心氾濫的人，那種心中總是不分青紅皂白，也無法理性以邏輯思考前後因果，只要看見或聽見別人可憐狀，就不由得泛起同情情緒，想要為別人解決困難的拯救者。因此，面對那些有受害者情結的人，發出的弱者訊號，就一定會上鉤，覺得應該要幫些什麼或給些什麼，來讓對方好過一點兒。因此，常守不住自己的情緒界線和關係界線。

「是的，你說的是……可是……」

這一句話是受害者情緒的人，最容易出現的推卸自我責任語句。當旁邊的人想要給予意見或建議，或是一些資源指引，希望他改善自己的處境，或調整那些生活難題時，受害者情結的人，便會有許多推托之詞，不是說這行不通，就是說那沒辦法。

這不僅是加重自己無能為力的受害感，同時也藉此挫敗別人，讓別人只能順由他們要的東西給，繼續承擔他們的生活需求，並且放棄期盼要他們改變的意念。最後，就會是兩人皆在關係中，持續性的無能為力，一個繼續推掉自我責任，一個無法拒絕，持續的接不屬於他的責任。

「你怎麼可以負心於我」

有受害者情結的人，把自己的信任放得很大，自我中心主觀的認為，只要是他給予信任的，都不可辜負他、拒絕他。他們害怕被拒絕、被辜負，來自他們無法調節自己的失落感和失望，而把自己的失落感和失望，視為一種巨大、致命性的傷害。

這是來自內心的幼兒人格，心理年齡仍在三、四歲那種害怕無依，等待被重要客體照護的狀態裡，因此就容易誇大不被滿足、不被關注的落空感，對他人懷恨在心。因此，他們在關係互動中，就容易以此話語來做為他們遭遇受害的控訴和指責。

「我需要你的時候，你在哪裡？你沒有看見我是這麼弱小和孤單無助嗎？」

有著受害者情結的人，常出現恃弱而驕的現象，以自己的弱勢來做強勢的訴求，好似自己弱勢，是全天下的錯，也是全天下的責任。他的行為讓人感覺此人雖為弱勢，氣勢上卻一點兒都不弱，反倒壓迫了別人，認為別人應該要服侍他，為他的需求付出心力。這種因為自卑，而反彈出的自大，以致對別人頤指氣使，是受害者情結的人很常出現的行為。若是對應到了情緒界線不清楚、混淆的人，就易受其操控，為了使他滿意、無怨言，而讓自己不斷的被其濫用及使喚。

「這世界對我有敵意」

受害者情結的人，會以這世界對他有敵意，使他不斷經歷被人欺負欺凌，來讓別人覺得他一直承受被傷害的處境。然而，他所認為的這世界有敵意，是來自他先以敵意看待這個世界，所以怎麼看，都覺得別人在為難他、欺負他。例如：超商店員沒有對他微笑打招呼，就被他解讀是看輕他、漠視他的舉動；公車司機過站不停，都是為了欺負他，不讓他上車的鐵證；餐館一直不上他的餐點，就是忽視他。

就因為受害者情結的人，時常以敵意解讀他所看見聽見的外界，當他帶著大量的懷疑、不信任，及對敵意的擔憂，顯示出強烈不安時，就容易勾住人想要盡一切可能保護他，避免讓他受傷受怕，而陷入不斷受他支配左右及控制的陷阱。

「你一定會傷害我、辜負我」

這句語詞，不僅是預設了立場，也在告訴被預設立場的人：「你必須很努力、很賣力的證明你不會傷害我、辜負我，不然我不會相信你」，因此受這一句話勾住的人，為了不讓受害者情結的人失望、受傷及難過，就要反覆性的一直保證、一直承諾，並且再三受各式各樣試探，來印證自己絕對不會有所辜負、有所背叛。然而，這也掉入一場可能很難跳脫的心理操控，只要不停的以懷疑及不信任的態度，用不安焦慮的情緒，就能讓另一個人為了不要成為傷害和辜負的加害者，而必須不停的安撫及因應各種考驗，被動地接受一次次的測試。

「一切都是別人（你）的錯」

有著受害者情結的人，完全沒有歷練過自我負責是什麼，內心仍處於幼兒心理年齡的狀態，以凍結的永恆兒童心靈抗拒承擔，並索求保護及滿足。當自己無法得到滿足及安撫時，並不會看見自己要對自己的需求負起什麼責任，也無法學習自我安撫內在情緒的方法，自然就傾向怪罪別人，把自己生活遇到的挫折和缺失，歸咎於別人的阻攔或是不成全。

如果剛好遇到自我強度也一樣不完整，同時又傾向自我譴責、自我控訴的人，就容易在受害情結者的怪罪中，失去理性邏輯判斷，無法從客觀角度理解事實，落入被怪罪的漩渦中，不可自拔。那麼，有受害者情結的人，只要以不斷怪罪的方式，找到會自我譴責，視自己為加害者的人，就不用真正的負起責任，什麼都可以順利的推給這個凡事都自我歸咎的人，也算是非常互補的拍檔了。

「我是這麼完美、這麼好，別人卻傷害我」

有受害者情結的人，心中很害怕被別人指為不好或惡質，非常怕被給負評，所以才會一直把人生問題歸咎都是別人的錯、都是別人不好，都是別人造成的。

就因為如此害怕自己會被說為不好，他們會更加的強調自己是這麼好、這麼善良，來顯示他們是完美無瑕疵的。他們想以這樣的說法來獲得別人的接受，甚至保護（像是在保護可愛珍貴小動物的概念），來引誘不忍心他們受傷受害的人，為他們挺身而出，成為他們的靠山及依賴。如果，恰巧遇見想要當聖人英雄或聖母的人，想藉著無微不至保護及照顧他們，來成就自己需要的價值感、非凡感，那麼就會進入這一段操縱型的關係，一起合演這一齣英雄救美，或聖母救贖的劇本了。

「如果連你也不幫幫我，我會完蛋，我會死定了……」

這是受害者情結的人最後會使出的奪魂鉤，如果想操控的對象，一直沒有如他所願，為他擔任起生命的責任任他差遣，也沒有為他擺平生活的難題，並且對他的哀求不予理睬，這時候，受害者情結個體就會以強烈，帶有威脅又哀求的口氣告訴對方：「如果你不幫我，不給我，我就會……」

我們可以看到有些小孩在想要糖，或要媽媽買玩具給他時，用這樣粗糙又曖昧的方法，實質又帶些控制欲的暴力性反應，威脅著照顧他的大人。我們就可了解到以這種方式在進行人際溝通的人，並未長大成熟，還是以那種極具控制欲的自我中心角度，霸道的要他人滿足及供應。所以，有受害者情結的個體，雖是自覺處於弱勢，但若性格上具有暴力、控制欲、自我中心、情緒性……等等不成熟特質存在，他們的攻擊性及威脅性往往會讓周圍的人招架不住，甚至也不惜以性命威脅，就是為了達到控制對方，滿足需求的目的才會罷休。若是操縱的過程，慢慢演變於此，那就不是在兩人的關係中，可以處理的，往往還可能要涉及到通報警察、救護、醫療、法律等等的機關，才能因應當中的混亂與後果。

有著受害者情結的人，其認知思維、情緒模式、行為反應，在成長的過程不斷的引發、不斷的運作，若是生命階段的人生任務發展，沒有來得及矯正或修復其受害者情結的心理扭曲及失衡，那麼「受害者情結」，可以成為個體偏執人格的一部分，也就是成為這個人的一部分，不是說改變就能改變，不是說調整就能調整。

在這樣的情況下，當我們遇見具有受害者情結的人時，你要做的是如何能來得及辨識、建立好自我界線，保持適當的距離維持互動，而不因情感羈絆和糾結，造成自我的迷失和混亂，以致出現失衡的關係，受其任意的控制及擺布。

要能即時拉出心理距離，適時的畫出關係界線，不受對方以心理遊戲進行情感操縱對你下餌，就需要你有自我認同的力量，懂得清晰而理性的分辨問題的處理，必須有其邏輯及理智的步驟，而不是以情緒操弄及威脅就可以達成目的。

往往對人類情緒越陌生、越無可奈何的人，通常也是對自己的情緒最無法調節及統整的人。而這樣的人，是最容易受別人情緒威脅而被情感操控的。大腦的理性思辨，及冷靜分析能力，總在情緒混亂及糾結時刻，無法及時介入運作，只能被情緒充滿恐懼及焦慮的想像牽著鼻子走。

對情緒調節有障礙的人，會在我們越需要清晰理智時，越受情緒綁架及操控。不僅是常被自己的情緒壞了重要大事，也常被他人的情緒恐嚇利用。如果不能理性、冷靜、眼界清晰的來面對人際互動中的諸多詭詐曖昧，那也就沒有機會可以從迷魂陣裡，保全自己的三魂七魄了，遲早會被別人釋放出的情緒鬼魅嚇破了膽，也莫名其妙地交出了自我的主體，任其附身佔用了。

而之所以那麼困難讓個體意識自己有「受害者情結」，進而鬆動、解構及落幕，正因為受害者情結個體內在的情緒常處於失調和失控的狀態。在過去童年時期，他們缺乏情感的陪伴和安撫經驗，也缺少安全的依戀者（重要的主要照顧者）提供給他們的安全信任感受，相反的，還時常破壞他們內心的安全平穩，以極端的管教或對待方式，給予既矛盾又錯亂的關係經驗。

自小在充滿混亂及痛苦環境長大的個體，都沒有足夠的正向情感經驗累積，對自己和對外界形成正確的認知和自我認同，於是，「錯誤的認同」因此產生。

「錯誤的認同」意指個體透過外界的他人，來認識自己是誰的發展階段，因為他人所表現出來的各種負面情緒或攻擊敵意，而錯誤認同自己為惡、為不好的存在，更因此出現了自我分裂；一部分的自我，錯誤認同自己為不好、糟糕和壞，另一部分的自己，只好理想化的期待與想像自己的完美。若沒有在生命成長歷程，獲得機會去調節、疏通及接納真實的自己是誰，那麼這分裂的自我，可能會一直存在，也造成個體一輩子的自我衝突，深陷在情緒痛苦不可自拔。

正因為無法接納真實的自我，加上心底深處的自我輕視、自卑感、自我厭惡這些林林總總複雜又錯亂的感覺，受害者情結個體都會有不同數量難以處理的情緒議題。他們的情緒繁雜而紛亂，像是一團團的毛線球纏繞在他們內心，難以找出線頭抽絲剝繭，也無法像斬亂麻一樣，一刀劈開，乾淨俐落，總要在混亂看似沒有頭緒中，慢慢的找出情緒糾結的癥結處，也就是情緒傷痛的傷口核心。

因此，下一段我們就來了解受害者情結個體他們深感痛苦的情緒失調及調適障礙。

◇ 情緒失調及情感障礙

有受害者情結的個體，因童年時期缺乏穩定的愛及溫暖的照顧及陪伴，又可能伴隨大量的生存壓力和不安全感，而必須不斷承受內在極混亂又失序的情緒衝擊和痛苦，這就好像內在時常出現海嘯衝擊及強大地震一般，不得安穩平靜，還時不時必須因應侵襲而覺得不安、煩躁及疲憊。

不安定及充滿危險的環境，帶給個體時時刻刻的情緒衝擊，累積巨大無法處理的情緒負荷。所謂的失調，就是個體時常處於過度膨脹、高張及激烈的情緒狀態，不然就是時常在空洞、漠然、情感隔離的情緒狀態。

久而久之的失調，將造成我們的情感障礙，像是一種情感阻塞、不通、氾濫或失去運作功能。這長期情緒或行為反應顯著的異常，嚴重影響生活適應；而其情感障礙是排除了因智能、生理及健康因素所造成的後遺症。

就受害者情結的個體來說，「受害感」就是一種非常複雜且結構糾結的情緒，除了表層情緒外，往往深層都有不只一種的核心情緒，同時激發出個體會感到崩潰的情緒能量，令個體束手無策，只能受自己情緒綁架及侵擾。

每當受害情結被刺激源觸動時，情緒就會立即的、衝動的、無法克制的湧現出來，就像一個屋子內，不知道哪裡漏水了，突然間外面的傾盆大雨（刺激源），讓屋子的漏水情況瞬間爆發，水不停的從地面上湧出，造成屋內水患。心理情結，就像是漏水的破口，抓不出漏水處，就無法有效的處理屋內淹水（情緒失調）的問題。

未被表達的情緒永遠都不會消逝。它們只是被活埋了，有朝一日會以更醜惡的方式爆發出來。

——奧地利心理學家／佛洛伊德

受害者情結個體的童年，累積也活埋了太多沒有被表達過的感受和情緒，那些情緒自小就不斷的產生、引發，並且沒有任何出口抒解、疏通。當那些痛苦的、無力的、挫折的、不安及衝突的情緒，不斷被激發，重複出現、反覆衝擊時，個體的情緒系統在沒有自主意識、沒有認知的情況，生理變化伴隨著情緒產生，情緒也反過來導致生理的各種不適，並產生本能的包括戰鬥、逃跑、防衛的各種因應行為。

換言之，當個體小時不斷產生各種強烈及痛苦的負面對待經驗時，個體並不知道自己究竟發生什麼事，然而他的生理和情緒的同步發生反應，將不斷地讓他的情緒記憶區（海馬迴與杏仁核）儲存一波又一波的情緒經驗記憶，並慢慢地形成對這些經驗的解讀。這「解讀」並非是透過理性思考歷程所產生的符合客觀現實的解讀，而是情緒系統根據生物生存本能，進行有沒有威脅與危險的解讀，若一旦判讀為危險，就會啟動「反擊或逃跑」的生物防禦本能，以利隨時應付周遭可能出現的威脅及危險。

這也是受害者情結個體後來，最為困難的情緒失調及情感障礙問題的來源。

在幼年充滿不利及高壓迫的環境下生存，個體的生物性的生存能力，會讓他不斷激發具有戰鬥或逃跑本能反應的情緒，以閃避危險及威脅。這不但讓個體從生理上及心理上相信自己的「不安全」，必須時時刻刻小心翼翼地高度敏感之外，還會讓個體的情緒含量一直處於居高不下狀態。

若是把情緒比喻成一個容器內的含水量，受害者情結個體的情緒，幾乎都處於「滿到隨時溢出」的狀態。他們自小沒有被協助適當且健康的情緒調節方式，又鮮少接收到友善的安撫和關懷，情緒關照可說是零經驗。那麼，他們就只能不斷受自己幼年的情緒經驗制約，自動化引發出大量具有張力及高壓性的情緒，卻對這樣的情緒引發，束手無策，然後再直接掉入到受傷、脆弱又憤怒的「受害情緒」中受震晃及滅頂。

這種長期處於過度警覺狀況下，會對我們大腦皮質區造成阻礙，像是大腦皮質前額葉皮質區。大腦皮質（又稱上層腦）是一個與學習、解決問題、情緒調節及引導活化情緒記憶、理解社交行為與情緒感受的重要部位。然而，童年經歷高壓及缺乏安全信任教養關係的創傷經驗，將影響大腦皮質的運思功能，也無法適當調節杏仁核情緒的釋出，導致個體出現情緒調節受損，並有誇大、衝動及爆發反應，包括暴力行為的產生。

這可以說明為什麼一個受害者情結的個體，或多或少具有痛苦的情緒困擾，並且在受情緒調節的協助方面，有許多阻礙。因為他們的思考問題解決及辨識理解現實情境，及活化早年的情緒記憶……等方面，都受到一定程度的損傷，是無法在短時間內就獲得修復及補強那些缺失的功能，需要長及足夠的時間、心理治療、穩定關係、內外資源，才能有些許成效獲得改善及學習調節。

以下是受害者情結個體，常見的情緒議題，及容易引發出的潰堤性情緒。

恐懼與焦慮不安

身為靈長類動物，在我們原生的情緒本能裡，即存在「恐懼」的原始情緒。這是演化以來，都不會從人類本能裡消失的情緒本能，最主要的情緒功能在於為我們個體的生存，進行是否安全的偵測，以讓我們能以最快速的方式閃躲、逃跑，找掩蔽。若是再引發出「生氣」的原始情緒，我們則會採取攻擊，進行戰鬥模式。而這些情緒的立即推動行為，無非是要我們保命，可以活下去。

然而，若是持續地以不間斷的方式激發恐懼，也就是難以感受到安全和放鬆，那人的狀態可想而知，會一直處於惶惶不安、緊張的焦慮感中，不得安穩。

由於，有受害者情結的個體受幼年有太多高緊張及高衝突的警覺經驗，恐懼的情緒必須大量激發提取出來，應付充滿威脅及危險的情境，我們可以想像得到個體幾乎沒有體驗到安全感的經驗，不懂也不知何為安全和信任。

因此，最能立即引發受害者情結個體的焦慮感，就是感受到「不安全」，而這由主觀感覺到的不安全感，可以來自隻字片語、一個眼神、一個態度、一個不如預期的反應，及任何個體覺得「事情不應該這樣發生」的任何遭遇上，而啟動引發出各種因為無名恐懼，而產生的各種焦慮行為（一直叨叨絮絮、來回踱步、坐立難安、狂留訊息、猛撥打電話……）。這些不安焦慮，主要就是來自個體內在沒有調節自己情緒的功能，也無法連結、意識到自己的情緒反應，而被自動化的情緒反應支配。

在充滿焦慮不安的反應中，我們可以推論及分析這是來自內心有一個極脆弱及無助的孩子，他對於即將要面臨的情境或事物，感到莫名的恐懼，主觀上感覺自己沒有任何把握和能力去面對及處理，只好處於恐懼的無助當中，引發大量的焦慮。

無力與低落沮喪

當恐懼超過個體可以承受的壓力之後，焦慮至頂點時，個體仍無法透過外界的回應和安撫，來讓內在的恐懼及焦慮感緩和下來時，能量在極致高張後，常出現迅速的下降、跌落。這時的個體，就會處於無力感的低落沮喪中，相近於當機的狀態。不僅生理上無能量運作身體的行動力，在心理功能上，也會呈現一種無法思考、無感受的無動力狀態。

像是在一種真空包裝中，隔離和外界的接觸，不想再激起任何的情緒起伏。這可說是受害者情結個體的極度脆弱狀態，覺得除了躲藏起來，別無其他可以作為及嘗試改變的。他們可能縮在棉被裡，再也不起床、梳理。或是不再外出，也終止所有對外聯繫，把可能的通訊軟體都刪除。也可能突然不告而別，獨自外出失聯很多日。

想躲起來、不想再面對及應付這個世界，是受害者情結者內心很嚮往的一種活著方式，但這只是來自他們很脆弱及感受到非常受傷下的舔傷反應，基本上，他們無法因此真的獨立生活、面對自己存在的各種需求及各樣壓力。他們的內心無法放棄渴望擁有拯救者、救贖者，將他們從無邊的情緒地獄拯救出來，帶給他們溫暖及關愛。所以，一時的受傷、退縮、沮喪無力狀態，在他們又燃起想得到滿足及愛的驅力時，會再度奮不顧身的想要再姑且一試。畢竟，他們的偏執性不會讓他們遇到事實情況時，能彈性的調整及改變面對的反應及做法。

憤世嫉俗

受害者情結個體大都同時有適應社會的問題。想想，當他們在適應社會時，無法就事論事，也無法以理性思考面對解決問題，而是落入一種早年的陰霾及心結，很快地就覺得被輕視、被排斥、被拒絕和被否定價值，他們又如何有實在的能量來對應社會各式各樣的互動情境，及擁有穩定自尊及自我價值感來實現一個有自信及有成就感的自我呢？

因此，受害者情結個體很容易將自己無法順利適應社會的狀況，歸咎於都是社會的無情和殘酷、現實和勢利。這樣的解讀，當然跟幼年時期的經驗有關，大多是沿襲了個體依戀關係者（母親或有這功能的照顧者）的觀點和評價，同時也是個體幼年遭受到被歧視、被羞辱及批評經驗的投射，而直接給予的偏頗判斷。

在沒有意識自己的自動化制約及主觀解讀的單一性及偏頗性前，個體會深信不疑自己的解讀和判斷是千真萬確，是絕對事實。這樣就更強化了個體厭惡及排斥這個社會的運作規則和制度，形成了個體憤世嫉俗的各種不平和埋怨。要讓個體意識到自己的主觀解讀有多直接而單一，缺少了換位思考的過程，這就是一項大挑戰。而換位思考正是大腦皮質層的功能之一，也就是習慣以情緒本能反應者最缺少的訓練，要讓個體先能有機會自覺自己的情緒反應模式，才有可能進而練習思考這些情緒自動化歷程及主觀解讀，是如何產生的。

哀怨和委屈

受害者情結的個體，很難解開的情緒結、心理死結，是主觀覺得自己弱勢、無能為力，只能受盡環境及別人的剝奪、拒絕及傷害。他們看不見自己已長大為一個成人，面對父母、親人，還是自己感覺是那個在家中很沒地位、很受忽視及貶低的小孩，常常感覺被罵和被不喜歡。若是在社會環境中，他們無論面對主管、同事、同儕或是一般社交需要的人際關係，他們也會很容易感受到別人對自己的無禮、冒犯和不以為然，甚至常常無視於他的存在，任意的指揮他或指責他，讓他覺得沒有道理，很委屈。

委屈，是一種屬於亞洲女性，特別是華人女性的獨特情緒，是來自一種壓抑的，不能承認及表達的憤怒情緒，轉為一種內傷的「哀怨自憐」。這種帶有哀怨的委屈感，來自覺得自己明明是好心、是好人，卻為什麼被誤解，或沒被認同、稱讚及肯定？於是產生了失望和挫折，還有不斷自憐的難過傷心。

常感覺委屈的受害者情結個體，之所以會常出現委屈的感受和哀怨的情緒，主要來自他們自顧自的對自己、他人和環境缺乏準確判斷。也就是缺乏常識、知識及「現實感」，導致他們所期待的，甚至自以為是的「理所當然」，通常不是外在的現實世界運作的方式，因而感覺委屈。

例如：想要隨時隨地和自己單方面喜歡的人聯繫、保持接觸，完全無縫接軌，但別人並不以同樣的態度和意願面對這一段關係，而有所拒絕或保持距離界線時，受害者情結個體就感受到委屈和再次受傷了。

或是，一到任何環境就想像自己被熱情對待、親切照顧、溫暖照顧，發現環境中的大家都各忙各的，沒人招呼、協助及照顧，就感覺到受到冷淡對待而委屈受傷了。

當然，在最熟悉的環境裡，也就是原生家庭，這種委屈感更是時常發生，想要關心父母，母親冷淡回應，父親不理不睬，想要和手足親近，手足卻不太搭理關心，這都是受害者情結個體感受到委屈和哀怨的來源。他們對自己和周圍的關係，都有既定想像和期待，在自認為很付出、很照顧家人的角度下，常感覺到自己都在委屈、犧牲，卻沒想到委屈自己不但求不了全，還堆積了壓抑和哀怨情緒。

因此受害者情結的個體，會有滿滿的哀怨和敘說不盡的抱怨：自己有多可憐、多犧牲，及付出很多，卻沒有得到相對的回報和回應，這是多麼的悽慘和淒涼。

嫉妒與仇恨

具有強烈敵意和攻擊性就能讓人感受到強度很明顯的仇恨，這份仇恨含有對別人看起來輕易就可以幸福，被保護和照顧，有滿滿的嫉妒和憤怒。這是他們渴望及期待的，但無論他們渴望多久、努力多久，都還是失望及感受到那些在乎的人給予負面的回應，而有些人卻好像什麼都不用努力、不用付出，平白無故就享有他想要被照顧及滿足的生活，就會無法抑制的爆發出仇視及恨意。

在面對受害者情結個體時，在他們看似很柔弱、很無助的外表形象下，有時候卻會瞥見他們講到所嫉妒的對象時，眼神和面容所散發出來的仇恨心，咬牙切齒，彷彿那是他好幾世的仇人，很不得對方粉身碎骨、消失在這世上。但若是聽內容細節，又會發現其實他和他所嫉妒的對象之間，根本不認識或是不熟，不然就是交集很少，一切的嫉妒和仇視的原因，都來自受害者情結個體的想像和主觀認定。

但也可能他們投射嫉妒和仇恨的對象，是與他們有親近關係的人。例如：自己的手足、自己的孩子、自己的雙親，或是自己的伴侶。但這樣的投射，仍然是自顧自的主觀解讀和釋放敵意，和對方真實的生命狀態無關。

這方面確實很難澄清。受害者情結個體對澄清和核對並沒興趣，他們並不想瞭解事實是什麼，也可能是能力上做不到，他們受損的大腦皮質已讓他們無法客觀思考、理性思辨。他們似乎需要這樣仇恨及嫉妒的對象（一個或是數個），來加深自己是命運受害者的認定：爹不疼娘不愛、手足不關心、家庭不溫暖，而這世界的人又勢利冷漠，絕對不會有人懂他、理解他有多麼痛苦辛苦，當然也沒有人能夠安慰得了他。

這種反覆的自我暗示，同時不停反芻負面思考，就像在大腦上一直刻下「自己是多麼不幸、多麼可憐的無辜者」的迴路，反覆刻印下，加深負面的印象，也累加負面情緒，內心被負面的感受佔滿、屯塞，幾乎沒有空間可以轉圜，也就無法調和情緒的過度氾濫。

不甘願與報復

人受了委屈，會很想找公道，壓抑太多的情緒總會有爆發的時候。有受害者情結的個體，耽溺在受害者的身分不肯卸下，以各種無實質效益，也不能讓自我成長的方式在生活中運作。他們以尚幼稚的心智功能，以幼年的生存方式，無法改變及調整更多元也更有實質效果的方法，適應這個社會，反而對這社會的制度及運作感到許多不平和不滿。

當不平和不滿不停積壓，有受害者情結的個體可能會從委屈和失衡中，反彈出對社會或特定人士的報復。這報復是長期的不甘願；為什麼這世界都不能滿足他、不能照著他的期待實現他的渴望？不想接受失落事實，或對接受事實有障礙的人，要放下自己心中的設定和期望是非常困難的。這或許是他認定自己一直以來要不斷努力撐過來的原因，因為不想放棄，所以才能活過來、挺過來。

如果硬生生要把他對一件事物或是一段關係的執著放下，他會更不知道過去自己的堅持和付出，該怎麼看待和安置？這是否會顯示自己的無能或無知，或是某種自己犯下的錯誤？

這種為了迴避自己是錯誤的、無知、不夠聰明……等等關於自尊的折損，會讓個體更加不想承認這一切來自自己的選擇和責任，也就有更多不甘願、不甘心，而想再去強迫什麼、控制什麼。

害怕承認「若是自己的錯誤就必須改變自己」，會讓偏執及強迫性人格更是抗拒，而基於某種補償作用，他們會把錯誤的發生歸咎在那造成「不幸」、「痛苦」和「失落」的「罪魁禍首」身上，以報復的手段要對方付出代價，一同嚐受不幸下場的痛苦折磨。

在華人社會，有一定比例的家庭悲劇來自於此。起源來自有一位必須背負儒家傳統家庭思想及父母期待，而安排接受媒妁婚姻的女兒，在沒有感情基礎下進入婚姻關係，受到許多的失望和衝擊，也感覺到自己期待的人生被摧毀，在非常不甘願的情況下，還不得不生下子女，更加重無法脫離不幸婚姻及痛苦命運的枷鎖。

這樣一位感到受害情結的女性，當然這受害情結不是從她進入婚姻後，才在她內心無意識中滋生，而是從她幼年開始，在男尊女卑、女兒是賠錢貨的家庭訊息下，她就開始引發主觀受迫的感覺；她沒有自己生命的自主權，她只能努力讓父母滿意和喜歡，若沒有討好父母，她就一點兒價值都沒有，無法被允許存在。

這樣的家庭文化，總是讓很多女性不自覺的矮化自己、貶低自己的價值。當她們面對父母、夫家，自覺都是抬不起頭來的次等性別。她們不能對父母及夫家有任何抗議和拒絕，她們習慣認同那些權威者，習慣委曲求全。那麼問題來了，那不甘願承受的受苦、不甘心遭遇到的剝奪和恥辱，要向誰討公道？向誰要這一份犧牲的代價呢？

答案往往是：孩子。若是女孩，那就更沒有顧忌的把自己的委屈和不甘心傾倒在女兒身上。因為在父權及階層文化下，「女兒」是唯一比「媽媽」地位更低、更沒尊嚴和價值的存在體。而兒子因為「男性」的關係，在尊嚴及地位上，仍是無條件比媽媽還要高地位。

那麼，很多有受害者情結的母親，就毫無顧忌的在道德和倫理上，都可以毫無保留的將自己的委屈、不滿、憤恨和不平，全發洩及傾倒在女兒身上，並且認定女兒不能抗拒，也不能不承受，就像是她自己的童年一樣，也是一樣不得不承受自己媽媽對她的各種發洩和報復，對著她含怨地說：「你欠我的，你一輩子都要還，要不是因為有你，我也不用在這婚姻裡被糟蹋，賠上我的一生。」

受害者情結的個體，常常是馴化及順應在父權及階層主義下的，心中更有牢牢內化進來的不合時宜的道德觀、倫理觀，他們沒有能力對抗和阻止真正那個負面權威的壓迫和控制，反而成為另一個被同化的加害者，去壓迫和支配那個他們認為「更不配」、「更沒地位」的對象，這既矛盾又弔詭的現象，在受害者情結個體的身上，屢見不鮮。

另一方面，受害者情結個體內心揮散不去的受害感，也會讓他想透過懲罰來做為報復。畢竟他的認知解讀裡，多是外界或某人對不起他、傷害他，也就是外界的別人都是可惡的、邪惡的，應該遭受天打雷劈，不然就該受到人們的唾棄和咒罵，所以，一旦他視為是可惡的壞蛋或惡棍，他就會想要透過直接或間接的形式，來進行他認為該有的懲罰。這亦是一種報復的行為，該讓那些造成他受苦受傷的人，付出應有的罪罰。

歇斯底里情緒失控

在精神某些刺激因素作用下，個體突然失常、哭叫、打人、毀壞物品等，發作時有輕度的意識狀態，發作後部分遺忘。目前在醫學的命名上，已沒有使用「歇斯底里」這個詞，而以較為相關或的「轉化症」和「解離症」來討論。

解離的症狀非常多呈現：有人會退化成像小孩一樣說些幼稚的話或討愛討抱；有人會做些無法讓人理解的行為而在事後毫無印象；有人可能會不發一語、面無表情、不吃不喝的狀態；或忽然變成像另一完全不同個性的人，表現出與原來性格完全不同的行為。也有些人呈現出失憶的現象。上述各種症狀表現中，都含有逃避痛苦的現實、逃進疾病或症狀裡、躲進某種幻想建構出的防衛機轉中的現象。

解離的心理機制相當複雜，是嚴重的精神錯亂，需要精神醫療診治的介入。當解離作用發生時，人格會暫時性地失去其整體性，並呈現記憶、意識、自我認同上的變化，也有部分會合併憂鬱、焦慮等症狀。

過去，在西方中古時代，隨著宗教觀念的影響，該症又被解釋成與魔鬼、巫術，或附身有關。直到十七世紀之後，歇斯底里才被視為心理上的疾病，而十九世紀則開始有人利用催眠來治療此症。

解離症的基礎原理是：一個人不連貫、不一致的狀態。可謂是一種人遇到危急狀態時的一種本能、一種自我保護程式；當個人遭遇到的危機或創傷程度超過其個體可以負荷時，解離的機制即有可能啟動，以一種接近於斷電、斷片，或是像凍僵的狀態反應。

經過研究發現，如果一個人在童年時期，身心發展尚未成熟，卻長期的經歷身心虐待，特別是性虐待方面，則身為幼童的個體，弱小無助無法保護自己的情況下，解離的機制便容易被啟動，以免內在心靈受到過於強烈的衝擊而崩潰。而這些解離反應，會在成人時期遇到類似的刺激，而再度出現、發生。

對受害者情結的個體來說，皆是童年時期受到許多的情感缺失及忽視，或是身心方面的虐待及傷害，心靈因此破碎，發展完整的主體性和統整性都因此受到極大的破壞，他們透過本能的防衛或是解離機制，因應那些其他他們不知道該怎麼辨的遭遇，任由那些傷害和痛苦不斷發生，除了以情緒直接對抗或是暴衝，他們感覺到自己是完全的無能為力。

這種感覺，就像是一種隱約中發現自己好像有很多情緒地雷，被碰觸到的時候，整個人就變了，好像整個人要爆炸了一樣，或是情緒無法抑制的爆發出來。這些情緒轉換的狀況，迅速而猛烈，不只周邊的人會常感到不解、壓力，及驚嚇，事實上當事人自己更是常常覺得體內活著一個「不是自己的猛獸」，讓自己驚慌無助，又不可能削除，因此感到痛苦矛盾。

許多時候，受害者情結個體再度出現類似於童年遭遇的刺激時，他們瞬間的情緒和特質轉換，會像是回到一個只能用情緒抵抗或是以本能做防衛反應的「孩子」，他們歇斯底里地以一種別人覺得不可理喻的方式和行為執著某些他們的訴求，或是執意表現出他們的痛苦，就像他們身上不具有任何理智的能力，甚至脫離現實感的狀態，從某些精神層面來說，他們的偏離和失控，確實是回到過往某個凍結的身心創傷時空，再次啟動內在本能卻固化的防衛機制，以因應那些他們覺得已超過自己負荷的危機和壓力。

自我傷害

「自我傷害」對受害者情結個體來說，至少有兩層目的和意義。一是作為痛苦情緒的出口，二是作為控制別人的情緒威脅及勒索。

潛藏受害者情結的個體，其人格的發展及塑成過程，未能有安穩及正向情感的輔助和支持，加上童年的生長環境，有大量的家庭糾葛，例如：暴力和疏忽、相互拖累、情感勒索、關係界線混淆，以及個體分化不全，使其人格的發展扭曲及偏執，而易形成人格障礙。

人格障礙是自傷行為的常見原因。其中，「對自傷的渴求」是邊緣性人格障礙的其中一種常見症狀。

有受害者情結個體成長的過程，其人格的形成容易扭曲，很難就事論事、發展客觀觀察及思考辨識的能力，和社會環境互動，而把自己僵化在某種內心的不利及不愉快情境中，以既定的認知和情感模式，和環境互動，然後產生預期的負向結果。例如：以負面解讀人際互動的訊息，再未經修飾及整理過後的發洩情緒及抱怨，換來可預期的別人的負面回應或攻擊，再度加深：「沒有人對我好，所有人都對我很無情、很過分。」

對受害者情結個體來說，最常反覆出現的人際互動結果，無非是「你們都欺負我，我好可憐，每個人都對我不好」這樣的既定結果，個體雖然可預期此結果，卻很難避免經驗到內心痛苦且具衝擊性的情緒，這著實令他們難受，彷彿在未結痂的傷口上，反覆的摳挖，不停的讓傷口滲血流血。

而這樣的歷程，實際的外化出來，就成了個體刻意造成各種自己身體上的傷害與身體的疼痛行為，他們多反覆的製造出對自己身體可呈現出的傷口，他們內心就如此的經歷這些反覆的傷口。

對有自傷症狀的個體而言，他們往往會陳述，即使身體有那麼多看起來既可怕又殘忍的傷口、傷痕，這些傷口傷痕都不足以去傳達出、表達出他們內心所承受的痛楚。

這種類似上癮的自傷行為，在身體上造成傷口或對自己施以殘暴的行為時，個體會感受到一種心靈壓力的舒緩。而這痛楚感，反而有種撫慰性，透過痛覺的刺激，覺得自己真的是在受苦啊！但也確實的存在著。如此內心本來對於自己存在的價值和感受都覺得不確定而有種空虛和麻木感，反而因為傷口的造成和自我虐待過程，有了一種情緒的抒解和安慰。

當然，對受害者情結的個體而言，他們對於外界不能負荷自己的期待，也無法滿足自己的情感需求，是充滿憤恨和委屈的，同時有種「到底要怎麼做才能讓你順著我的意啊？」的挫敗感，他們不喜歡這種無法控制的挫敗感，若是激發出不服輸，不想承認失落，那麼，最可能使用的手段，就是以造成身體的傷口或危害，來威脅及勒索那個他想控制的對象：必須要顧及他的生命安危，不要再刺激他了！若是再持續的不符合他的期待給予滿足，則他會做出更大的自傷行為，到時就不能預料會有什麼後果。

此種動機下的自傷行為，是帶有威脅性和控制欲，同時以傷害自己生命作為俘虜別人、剝奪自由的做法。雖然，進行自傷的當事人，並不能清楚的意識到自己欲掌控及欲滿足的方法，是利用傷害自己的身體。

在我們探討有受害者情結的個體會出現的情緒失調及障礙問題時，相信讀者可以從敘述中多少感到一種情緒壓力，那不僅是個體內在會發生的高壓和高衝突，同時，必然擴散及延伸至外在環境，影響著個體和周圍關係的互動，也形成某些既定的關係品質、型態和模式。

人若失去彈性和多元性，不論什麼情境、什麼年齡、什麼環境、什麼關係，都用一套既定的習性模式去和外界、別人互動，甚至預設好別人的角色和位置，那麼，無論一開始是如何展開的，關係的走向和形成的模式，都會如出一轍。

接下來，我們就來了解及認識受害者情結個體，易展現的關係模式，這可以從客觀的互動現象和過程觀察到及辨識到。

◇八種常見關係模式

受害者情結個體渴望關係，並且會「鎖定」他們想要的對象。這源頭來自他們早年都有破碎且創傷的依戀關係。所謂破碎及創傷的依戀關係，有可能是失去對他們來說最重要的人（通常是至親或主要照顧者），讓他們感到被遺棄、拋棄或是背叛。但更多情況是，他們並未真正的失去主要照顧者這個依戀的對象，而是這個內心依戀的重要他人，太令受害者情結個體失望、挫折及痛苦。可能是他們有著一個精神異常的至親、情緒暴力不穩定的照顧者、情感冷漠無同理心的家長……等等，都讓童年的他們內心太無助及失望。

在幼年脆弱及無助的情況下，他們內心深深的痛苦和各種衝突不安的情緒，在沒有即時獲得安撫及經驗到呵護下，他們對依戀的重要他人感到氣憤和失望的同時，開始在內心變異及幻想出有個最理想及完美的照顧者，是不會讓人失望、挫折、驚嚇、痛苦及不安的。所以，他們內心的劇本裡，都有一個完美無瑕，相近於聖人（聖母）的正確人士存在，只要能找到這個「正確之人」，那麼，他就不會再歷經任何的打擊和失望，也不會再經歷各種分離或關係衝突。

他們的關係模式，便是奠定在這個幻想上所發展出來的。

但是，這世界上不會有一個真正符合他們設定、渴望的那個人存在，雖然他們無論經歷多少次關係的變質和挫敗，在他們的想法裡，並不是他們必須要學習做什麼調整或認知的改變，而是那些他們本來以為正確的對象變心了，或是心腸原來這麼壞、知人知面不知心、太假了……才會讓他們誤以為對方是那個「正確之人」。所以，他們所進行的結論總是這些對象錯了、太壞了、太無情了，而不是理想的對象不存在，也不是他們對關係的偏執行為讓關係的互動走向負向結果。

這種無論如何，仍是鞏固自己的設定和認知解讀模式，讓自己不需要反思和覺察自己的起心動念及行為反應，只要把問題推向外界及他人，讓受害者情結的個體無可避免的反覆的處在一種輪迴似的命運當中，始終覺得自己被傷害和辜負。

以下是八種常見於受害者情結個體的關係模式及狀況：

對「關愛」的病態性需求

受害者情結個體因為心智未成長為成熟的個體，在個體分化的歷程受到許多阻礙，心中仍然渴望把自己保留在一個幼童小孩的狀態中，殷殷期盼有一個無微不至的撫慰者、照顧者存在，讓他內心不會再經歷到任何的情緒起伏及失落傷心。

為了尋求到這樣的一個對象，他們在關係建立的開始，不論是話語及動作即會以可以勾動他人的關注及安慰這個目的為起頭。無論是全然暴露自己的坎坷人生或悲情命運，或是表現出自己的無助、慌張和脆弱的姿態或神情，即使他們很明顯的已是一個成年人，本應該有基本的社會功能及社會化能力，他們仍會看起來像是個五、六歲的孩子。

我們身為人一定都有不完美和脆弱。身為一個成年人，我們會學習及歷練承接及接納自己本身的不完美和脆弱，讓自己統整為一個真實、完整的人。但受害者情結所自曝的無助和脆弱，會以勾動他人同情及想要給予關懷的情感動力為主要目的，並回應他們的需求或渴望，而不是呈現承接及接納自己存在的面貌。

一旦有人給予回應，或嘗試提供關懷、安慰及滿足，受害者情結個體會像是突然間抓住了可以支撐生存的浮木，或是像是突然尋獲宿主的反應，想要一種形影不離、沒有間隙、沒有一刻分離的關係。為了保持這種好似很緊密、親密的假象，受害者個體會以各種資訊、訊息、聲音影像、文字、面對面……等等方式，確保他想要緊抓關係的對象沒有疏忽他、忘卻他、離開他，及有任何機會終止這段關係。

他們欲擁有的這種關係，是他們內心巨大的情感黑洞所投放出來的無盡渴求：他們尋尋覓覓中，就是為了找到「永恆的母親」，可以安慰及呵護他內心長久以來飢渴飢餓的心靈，就像是有永不停止的奶水，不斷的安撫他，任他吸吮。

耽溺的孤兒原型，讓他們拒絕經驗成為獨立個體必然要經歷的「分化」、「分離」、「獨立」等歷程，而是非常沒有現實感的希冀有一個人能與他們永生永世不分離，並有一種你儂我儂融為一體的關係，而分不清「我」和「你」個體性的差別和不同。

這樣強烈的渴望消融、失去個體性，是受害者情結個體在幼年時，非常渴望母愛及與所愛的重要他人形影不離的強烈慾望，遭受到破壞及斷裂引發出挫敗和落空所反彈，而生的「執著」和「渴求」。

他們並沒有愛的能力，他們所鎖定的對象，通常不在於他們辨識出這是他們所愛的人，而是他們嗅到或是本能的直覺，感覺到這是一個會回應他們、提供並給予他們想要的愛及關懷（或服務他們）的人，就能讓他們奮不顧身，甚至有一種「飛蛾撲火」的衝動，引發他們非要不可。

這種病態性渴望關愛的需求，來自病態共依存的依賴渴望，是讓他們從一開始就走進病態關係的原因。他們以非現實感、不合理、剝奪主體性、物化他人的態度和方式，執意索求的關係，可能讓他們遇到另一個病態共依存的個體，形成糾葛及相互吞噬的緊密關係，卻也可能遇到一個有正常成熟狀態的個體，很快的就會發現必須當機立斷終止這種不健康且病態性的吞噬關係。

重複訴苦及循環式埋怨，逃脫被歸咎責任

受害者個體長期處於對愛的欲求不滿足狀態，自然有許多急於訴說的不滿與哀怨，這些對於生命的不滿痛苦，一向也是他們用來攀繞他人的藤蔓。於是受害者情結個體會對著自己鎖定的對象，不斷展現自己的受傷和痛苦，以勾動對方的憐憫同情和罪惡感，讓對方不斷給予他們所想要汲取的關愛，也讓對方不敢輕易停止給予或離開。

如果受害者情結個體鎖定索情、索愛的對象一旦停止回應或離開，這些人在他們的心裡、評價裡，就會直接登上受害者情結個體所框架好的「加害人寶

座」，成為被指責和埋怨的惡人，以道德綁架或是冠上的聖人匾額，不斷的、反覆的控訴這個人的惡劣和沒有愛心，造成他巨大的痛苦，並應該要背負罪名或惡名，讓世人唾棄。然後還可能向不同的不相關人士，不停控訴那些人做了什麼傷害他和令他傷心難過的事。

重點是，無論他們進行過多少次一樣的行為、一樣的過程，那些事件或遭遇都不會因此沉澱、消散及過去。所有說過的埋怨和含恨的事件和遭遇，還是會再一次次的被拿起來說，甚至不厭其煩的每遇到一個對象就再述說一次。

受害者情結個體為什麼要重複性訴苦和循環式埋怨呢？其原因是他們拒絕承擔任何的責任，以維持自己是理想化的形象，他們總是會說：「我是多麼多麼在這個關係或事件中承擔承受，我付出了好多、怎麼努力又怎麼辛苦，結果那個人卻如何說我、講我、對待我，讓我遭遇多少傷心難過的事。」在他們的敘述中，就像眼前傾聽他們的人是一個判官，有責任和義務聽完他的不幸和被糟蹋的命運後，給予他最公正及最撫慰人心的判決：「你沒有任何錯誤，也沒有任何責任，一切都是對方的惡劣和糟蹋，你是全天下最無瑕、最純真、最用心良苦的好人。」

他們為什麼只要一開口敘述，就像眼前的人是一位判官呢？除了他們心中活著這樣一位充滿嚴厲和絕對的判官，以至於投射周遭的人也都是判官之外，非常大的原因是來自他們幼年身邊就有這樣一位具有判決他人言行舉止的權威者，總是對他們的言行充滿批判和不滿。於是，那過去不斷壓抑、深埋的不公平、不甘心和委屈心理，成了後來不停需要以解釋和訴苦作為生存模式的反應，和無意識的心理補償。

他們心中主觀、過度且過高標準的道德觀，讓他們必須不斷的證明自己無罪、無瑕疵，同時不斷的把罪惡往別人身上推。這在許多婚姻或感情受到挫折及困難的女性身上，非常容易見到，他們會力求表示自己的完美和無失誤，同時還會將他覺得造成婚姻或情感不幸和不順利的對象妖魔化、罪惡化。

不論你是被他當作一位判官，或是他埋怨和控訴的對象，你都要清楚明白：一旦被受害者情結個體攫獲，就像是被菟絲子的藤蔓纏繞的喬木一般，如果不能及時覺察，而分化出個別應承擔的生命責任，並進行「是誰的課題」的辨識，就算是直到被纏繞汲取至整棵喬木生機乾枯，依附的菟絲子仍無法獨立生存，還是要纏繞到耗竭也不罷手。這樣的關係，與其要為他承擔幫他平反的責任，或是因同情而必須不停聽他哭訴埋怨，其實更需要好好練習以理智面對，辨識清楚自己能做到和不能做到的、能回應和不能回應的界線範圍。例如：你能做到同理或傾聽片刻，但做不到擔保讓他心情開懷快樂的責任。

若是具體以客觀事實評估，清楚是做不到的，就要練習放下、終止，並且不需愧疚的離開。畢竟，我們都是凡夫俗子，沒有人可以真的幫別人的童年和人生進行改造和補償，直到他感覺滿意和開懷為止。

情感和物質的無盡索討

有受害者情結的個體對於受關注的情感需求，恍若是一個無底深淵，深淵底部住著一頭噬人的巨獸，無論再多的關注和溫暖，投注於深淵之中，都無足餵養巨獸的飢渴飢餓。所以他們會不斷地渴求，再不斷地經歷失落，因為這無法填補的心靈深淵，深幽闃闇、回聲空盪，讓自己無法不恐懼、無法忽視，更無法抵抗它的飢渴。

於是，受害者情結個體被自己體內的這隻巨獸支配和控制，只能不斷地去汲取、要求、攀纏，以平復內心深淵的巨獸，可以稍有飽足的一刻，而稍微安靜。

他們的內心飢餓，是因為他們長期經歷情感忽視，還有許多生活需求的未滿足。在過去面對權威、可怕或冷漠的照顧者時，他們無能為力，只能不斷壓抑自己需求及去順從那位沒有能力給予關照及關愛的照顧者，然而那些壓抑的需求，長期未滿足的飢渴狀態，讓他們長大後，對於「需求沒有得到滿足」特別有情緒反應，那是內心的創傷陰影所形成的非適應性情緒，所反應出的「又來了，為什麼又要拒絕我、不滿足我、忽視我」的情緒地雷。

對受害者情結個體來說，他人的回答只有一個選項，就是要滿足他、符合他，不要再讓他承受任何的等待、拒絕及失望。

於是，他們在關係的型態會處於不斷的「要」，而被索取的人，不論有沒有能力做到，或是屬於什麼性質（情感、物質或是金錢），都只能聽命及給予，否則就是讓他難受，對他置之不理，或是藐視他。

受害者情結個體其實是陷落在自己內心所製造出的心靈迷宮，無法找到釋懷和解脫之道。他們的心理情緒，糾纏著龐大過不去的情緒，加上從未經驗過什麼是「足夠」的感覺，以致讓他們會不斷循環索求的癥結，不在於他們真的缺乏或需要，或是真的要體驗滿足的感受，而是像有一個癮頭一樣，在不滿足和索求之間，不停來回迴旋，讓不夠和不滿足持續的存在。你若是詢問他們何時會夠了？要給到什麼程度是夠了？他們往往也回答不出來。

在人生歷練中，我們可以慢慢明白，唯有覺察到只有自己才能成為那個馴龍者（馴服及餵飽心中的餓龍），否則巨獸永遠會不斷咬噬周圍的關係，用空虛、恐懼、孤寂與無盡失落，不斷向外索求，不斷吞沒他人的生命能量，耗盡關係。

受害者情結個體其實只是想證明自己是重要的，並且會被恰當和穩定的回應，而不用再擔心任何的失去及匱乏，然而他們幼稚的不成熟心靈，讓他們只能用非常粗糙及直接、情緒不穩定的方式，讓人際關係處於高壓和難以被回應的狀態，自傷也傷人。當有一刻，受害者情結個體真正的領會到滿足及回應自己內心需求的人，最責無旁貸，也是最可靠的人是自己時，並且願意為此去學習、成長，成為有能力愛及付出的人，他們也才可能從這樣的情結中鬆綁，解開自己也解開別人。

防衛和指控

我們還是小孩的時候，對於遇到衝突或感到被傷害時，我們會向大人求助及求救，以告狀和抱怨的方式，希望得到大人出面或出手，來讓傷害我的事情遠離，讓傷害我的人得到懲罰或是告誡。

因為我們還是小孩，無法確切的了解該怎麼反應和行動，才能讓這些討厭和糟糕的事情消失，我們只能希求大人；那個我們認為比我們強大，應該有能力去解決我們煩惱的至親，為我們挺身而出，伸張我們應得的尊重和保護。

若是這種以告狀和訴求委屈，希求大人挺身而出為我們出頭出聲，告誡及教訓對方的方式始終沒有一個覺悟：「這不是長久之計，我們需要學習以自己的能力和對方協商和溝通，來化解衝突和對立，而不總是以找第三者拯救或出面」，那麼這種模式就沒有機會有所澄清、有所調整。

對有受害者情結的個體來說，他們心中有著非常僵化的父權思想和階級觀念，深受權威思維的影響，因此以階層眼光看待自己和別人。因為心理有受害者情結的緣故，他們會常把自己放置在「卑微」、「弱勢」、「低下」的階層位置，認定唯有高地位、有權勢、有名望的人，才能為他挺身而出，幫他爭取公道。就像小時候是孩子時，除了找爸爸或媽媽保護或解決問題，自己是一點兒辦法、一點兒能力都沒有。

因此，受害者情結個體在關係中，很容易去尋找他們主觀認定的「拯救者」，有權威地位、名聲頭銜，或是社會主流價值認定的上階層人士，向他們告狀或訴說委屈。他們不會嘗試去學習解決問題的方法，或是靠自己的思考和練習去實際面對難題，他們會很快地認定自己居於下風，情勢不利自己，必須靠某個強而有力的能者，才能為他化解及處理，若是不能化解和處理，至少給予他們需要的包容和安慰。

以致他們在生活或是職場情境中，會出現許多背後耳語議論別人，或暗地指控、申訴別人的情況出現。那種類似小時候告狀、訴苦的行為，會在往後的成人生活中，仍不停發生。

這其實來自他們心中強烈的不安全感所引發的心理防衛機制，他們害怕去面對衝突，也非常害怕讓自己置於危險當中，因此，他們的人際關係傾向，就是去找能為他們出頭的強者，其實也是為他們承擔問題的代罪羔羊。若是被他們的指控和訴苦操弄而不自覺的人，跳進為了替他們平反或是為他們伸張正義，會發現若是事情攤開來對質或是必須把前因後果說清楚時，受害者情結個體反而會怯懦和逃避，表示自己根本沒有指控或抗議什麼，不然就是避重就輕把問題推向那自願挺身而出的人，歸咎是對方想太多或誤解了，才會有這些風波。

想要洞察受害者情結個體這些前後矛盾及看起來複雜的曖昧溝通的訊息，必須要沉穩的看待，並且多一點兒觀察他們的動機和意圖，而不是就他們表面上的訊息就直接判斷誰對誰錯，或是誰是迫害者、誰是受害者，而自以為是的認為自己能幫對方伸張正義和挺身而出。別忘了，受害者情結的個體，在廣泛的人際互動過程，是會常以受害者自居，所以一直去勾動他人有拯救者情懷，想要保護他們及為他們解除苦厄，是他們非常擅長的事。

威脅和支配

病態性人格的受害者情結個體，幾乎沒有能力進行良好關係。他們自我中心的要求及指使關係，理所當然的認為別人的存在，就是要順應他們、滿足他們。所以，在人際關係互動中，他們常出現的行為和訊息，便常見：「威脅」及「支配」的存在。

他們常以威脅來支配別人，特別是他們想控制的人。威脅的方式，可分為兩種形式：一是「以自己會發生不測」的威脅來支配；另一種形式是「以對方會發生不測」的威脅來支配。

「以自己會發生不測」，像是：「我不知道我會怎樣？」、「再這樣下去，我活不成了」、「我身體已經很糟了，也許已經生重病了」、「我撐不下去了，救救我」。這些話語通常是對他們鎖定及欲產生依附的對象說的，其意圖便是希望對方順應自己，或是照著要求行事。

「以對方會發生不測」，像是：「如果你不回應我，我會讓人知道你有多惡劣」、「我會向你的主管機關申訴你」、「你以後出門走在路上要小心點」。這些出於報復心態的話，不論他們實際上是否有所行動，他們以威脅來讓對方感受恐懼不安，藉此破壞對方的安穩生活，只要對方示弱了，或是被恐懼覆蓋，便可進一步進行支配，讓對方順從。

無論是前者或後者的表達方式，都是一種具戲劇性和威脅性的說法，脫離了成人社會人與人的互動應有的界線和尊重。顯而易見的，在這些訊息裡，並不是為了進行合理和理性的對話，討論可處理和因應的方式，反而是要剝奪別人思考、選擇和可以拒絕的空間。以這種方式作為互動，重點已不是對話和溝通，而是要對方放棄自己的主體權，接受佔領和支配。

情感操縱和關係勒索

受害者情結個體對待重要關係時，因為不允許有個人界線（類似底線）和關係界線（開放程度、個人隱私或關係距離），因此一旦形成重要關係，他們會迅速的以各種方式打破那些界線，也會要求重要關係的對方保持絕對的公開透明。

他們嚴防任何機會和空間給對方保有自由和自主權。在他們認為的重要關係裡，他們實在太害怕被遺棄和遭遇背叛，因此他們把所有的能量，都放在緊迫盯人及嚴加管控。

當對方反彈，或是不願意被如此束縛及控制時，他們便會本能的利用情感和關係作為勒索，像是：「我生下你，你就應該照著我的話做」、「如果你愛我，就會滿足我」、「我這麼愛你，你怎麼可以讓我傷心難過？」，或是：「如果你不能讓我開心快樂，要你做什麼？」

以美國心理治療學家蘇珊・福沃德（Susan Forward）的定義，「情緒勒索」意指一種在關係中不願意為自己的負面情緒負責，並企圖以威脅利誘控制他人的人際關係互動模式。強迫性的要求別人為他做一些非己所願，且麻煩沉重甚至必須自我犧牲的事物。

有受害者情結的個體，他們排斥負面情緒，卻又大量的產生負面情緒，在這種矛盾的情況下，他們不對自己的負面情緒負責，並且認定外界及重要他人必須為他們的負面情緒負責，而負責的方法就是順著他們的需求和期待行事，並且不要再惹他們出現任何不開心、不愉快的心情。

受害者情結個體一旦進入重要關係，都會有指責及謾罵行為在關係中發生。他們無能力承接自己的負面情緒，也無法沉澱及消化，最快的反應及做法，就是把情緒發洩在身旁的重要他人，並強迫對方必須做些什麼來讓他的情緒獲得安撫，得以緩解。甚至，有時候他們要求的是犯法，暴力或是不合理的事。

當然會和受害者情結個體形成重要關係，一種來自親緣或親生這種不可迴避的關係，另一種則是也是分化程度不佳、缺乏主體性、依賴、自尊低落及害怕被討厭、遭遇分離的個體，才會和受害者情結個體一拍即合，產生共構的勒索與被勒索的關係。

許多時候，我們可能會看見兩位受害者情結個體的結合和結盟。若沒有對應性，或是相吸引的熟悉模式，要和受害者情結個體成為愛恨糾葛、難分難捨的共依存關係也是不容易。或許，在他們的關係裡，還會出現相互勒索、強迫、操控的關係，旁人都看得出來這是不健康及生病的關係，他們卻怎麼也不分開、分不開。

成為關係的加害者和控制者

雖然具有受害者情結，但在他們認為的重要關係中，他們通常都想取得控制權，並且堅決不讓對方有機會抽離或迴避，除非他們自己先不想要這段關係。所以，他們要、他們不要，都必須由他們控制和掌握，以避免他們又經歷童年被遺棄的傷痛。

當他們不願意面臨失去一段關係時，他們會用各種煽動情緒的方式，哭喊打鬧或要輕生來迫使他人順從及就範。任何誇張到一般人難以理解或想像到的方法，他們都可能做出來，不論會造成別人什麼困擾或問題。

他們時常有玉石俱焚的念頭，只要讓他們不如意、不滿意，他們都可能衝動的想和對方同歸於盡。以各種殘暴的、不理性和破壞社會秩序的做法，要脅關係的對方必須聽話依從。若是這樣的情況發生，這已是病態人格傾向的個體，會做出行為，不可不慎。

雖然受害者情結個體，大多數時候的形象會以楚楚可憐形象博取同情和索求專屬關係，但事實上，他們在關係中一旦釋放他們無止境的慾望和創傷陰影，他們極有可能立刻翻轉為加害者的位置，這是他們內心的補償，也是他們複製過去童年加害者的言行舉止，重現自己的遭遇在另一個人身上。

在各樣的關係中，最容易看見這種受害者情結個體成為加害者的例子，就是母女關係或婆媳關係。母親或婆婆這同樣為權威女性的角色，在過去早年不被重視及惡意對待的遭遇下，潛抑受害者情結，在當了母親或婆婆之後，無意識的成為下一個加害女兒或媳婦（晚輩）的控制者；控制她們漠視及厭惡的晚輩，必須承受他們的情緒發洩及謾罵，並應允她們所有的指令和要求。

另一種常被加害的對象，就是親密關係中的伴侶。像是要把過去童年受的苦和委屈，都要這一位伴侶加倍補償、加倍奉還。彷彿伴侶是過去失職、失能父母的替身，必須為他過往所經歷的悲慘歲月，提供無窮無盡的賠償和贖罪，否則就是讓他的不幸又增添更多被虧待、被辜負的證明。

受害者情結個體因為受困於童年遭遇和經歷中，因此心智難以發展成人功能的情況下，他們不僅難以自我察覺、自我觀察，還很困難進行反思，這就促使他們輕易複製幼年未經覺察及澄清的不良人際關係經驗，繼續延伸到成人關係中，也無法覺醒這是必須停下來的人際互動方式；不良的人際互動方式，只會引發層出不窮的問題和糾葛，還會讓關係中的彼此痛苦和身心耗竭，甚至不得不走向關係結束的局面。

偽拯救者

當一個人的世界觀，呈現出絕對二分法，也就是明確的就能斷定「好壞」、「是非」，那麼意謂著此人有絕對的價值觀。有絕對價值觀的人，很難換位思考，也很難換位感受，一切都從自己主觀的位置，來認知是非對錯及好壞。以這種「二分法」來斷定這世界的樣貌，區分「好」「壞」的人，沒有中間值、中間區域來做為思考的可能，以致什麼方面都會呈現極端的判斷和解讀。如此，這種思考模式的人，就容易在生活中，讓自己不是坐於「受害者」位置，不然就坐於「拯救者」位置。這兩個位置的呈現，既絕對又息息相關，就像是翹翹板的兩邊，不是坐落這一邊，就是坐落那一邊。

而他的世界觀，也會偏執的將人斷定在不是「好人」，就是「壞人」。一旦認定誰為「好」，就絕對不相信「壞」會在這個人身上。反之亦然，當人被認定為「壞」，也就不相信此人身上有絲毫「好」的部分。

所以，一個有趣的心理狀態就可能出現；若一個人很容易就陷入要拯救人的衝動感，無論是以「正義」或「拔刀相助」或「兩肋插刀」的形式所出現的「拯救」，在此人的內心世界，或許他常常感受到的生活處境，卻是自己是一個「受害者」。

若一個人的內在，不解讀或認為「那是受害」，又豈會輕易的就認定外在世界的情況：「這是受害的」？這是「被欺負的」？

所以，所謂的拯救行為或拯救衝動，其實來自內心對自己曾經遭遇過的受害經驗，感到痛苦及焦慮的投射，移置外在的人事物，所強加做的解讀和判斷。

說個例子，有位女性，在求學過程，始終不是班上搶眼的學生，她不受老師重視，也不被同學歡迎。每到不同的學級，導師們都不太記得她的名字，有時甚至會以「喂」來叫她。而同學們總是把她當成隱形人一樣，走過她身邊，撞到她的肩膀也沒說聲抱歉。

她的求學及成長經驗，總不斷累積「我是不受重視的」、「沒人喜歡我」、「我是被排擠的」……的這些主觀感覺。而這些感受，讓她長期處於抑鬱寡歡的情緒中，低落及沮喪。

她痛恨上學，覺得到學校就是等著被羞辱和輕視。上學是很痛苦的一段日子，不論是哪一個階段，都令她不想回顧，當然也沒有像別人一樣，總會和小學同學或中學同學保持聯絡。她離開了學校後，就希望徹底的不要再和過去的任何同學或老師再見到面。能夠再也不用到學校，是她求之不得的事。

這位女性，後來結了婚、生了孩子，遇到了孩子開始要上學的年齡，她不知道為什麼，卻有種很緊張及焦慮的感覺，在她說不出所以然的情緒裡，產生了一些想法念頭，她覺得她的孩子一定會被不喜歡和被輕視，甚至被排擠和欺負。因此，她告訴自己，絕對不能讓她的孩子遭遇如她過去一樣的欺負和輕視。於是，從她孩子開始上學之後，她就特別關注她孩子的情緒和身體的狀況，她每天都問孩子：「有沒有人欺負你？老師有沒有打你或故意不理你？」

她每天都處於備戰狀態，要自己一刻都不能減除警備，務必要確保孩子在學校的生活，沒有被為難、欺負及忽視。正因為她凡事特別注意，難免也放大孩子身上的一點兒小變化及小反應。

例如，當孩子從學校回來後，沉默寡言或是不開心，除了會特別問孩子之外，她會懷疑是否在課堂上，老師疏忽了她孩子，還是刻意的漠視她的孩子。所以，她幾乎三天兩頭就打電話到辦公室給導師，或用通訊軟體要求老師應該要關注她孩子的心情變化，因為做家長的看不到，她希望老師在聯絡簿上，詳細寫上對她的孩子的觀察報告。

若老師回覆，因為要備課，且要照顧的學生是一整班，實在難以特別的花心思在「一個」孩子身上，希望家長可以體諒時，這位女性會產生強烈被拒絕及被輕視的感受，忿忿不平的批評老師：「這是一個做老師的責任，如果我的孩子在班上遭受排擠或霸凌，而身心受創，你可以負責嗎？我們做家長的把孩子交給你，你就有義務和責任，確保我的孩子的安危及獲得學習的快樂，不是嗎？」

如果，我們仔細檢視這位女性的行為及角色，就會發現，她在不同的位置坐來坐去，並且無意識的移動著；從原本小時候的「受害者」位置，移動到「拯救者的位置」（拯救她無辜及弱小的孩子），然後，成為一個「加害壓迫者」的位置（對老師的控制及要求）。

因此，有許多後來轉變成「拯救者」姿態的個體，內在都潛藏著受害者情結，覺得被這世界傷害及辜負，覺得被惡人欺負及剝奪。他們在當初受害時，沒有辦法為自己挺身而出，也沒有勇氣及力量去面對他們認為的迫害和欺負，在時空轉換下，等他們不再處於當初弱小無助的位置時，他們的平反及復仇，會投射在相似他當年慘遭痛苦及欺凌處境下的身影上，藉著去為所投射的對象聲張正義，或要求控訴，來平復及補償當初的委屈或受害的痛苦。

受害和拯救情結的微妙共生，可以同時在一段關係中呈現，也可能在同一個人身上展現。當我們過往的受害及受苦，沒有被我們個體重新理解、重新詮釋，也無法從痛苦情緒中汲取對人生的智慧，只徒留不幸和苦痛時，那麼我們所凝聚的恨和仇，還是讓我們滯留在「受害者」的圈禁中，同時不自覺的以拯救者的姿態，共生出另一種假面的善者及英雄面貌，在那些關照及拯救的行為背後，隱藏的其實是一個對這世界懷恨懷怨，仍在夜夜哭號、痛苦孤寂的悲劇靈魂。

chapter 3

照顧好自己內心的小孩

——如何自我療癒

從成年期開始，人除了完成自己本身的成長任務，其實還肩負著另一個巨大使命，就是去補完童年缺失的品質，讓自己成為一個更完整的人。

——心理分析學家／愛利克．艾瑞克森

在尚未能充分的改善及調節內在的情緒反應模式及防衛機制之前，有著各種心理情結和創傷的個體，要能不被自己衝動引發的情緒淹滅和席捲，最重要的第一個關鍵，就是「自覺」；能覺察這樣無意識的反應存在。在有所意識的覺醒下，開始願意捨下這種無效安頓自己的方式，試著先跟自己溫馨喊話：「你很重要、我與你同在、我們會一起度過、你不是一個人在面對、你和大家在一起、你的需要我會重視，我們可以想想辦法、慢慢思考……」

唯有透過上層大腦皮質新的思考歷程建立，並且慢慢地和自己內在的情緒機制連結，不任由情緒機制自動化反應，並引導身心進行一些規律、安全的、專注的放鬆練習（例如：深呼吸、身體掃描關照、正念、吟唱祈禱），皆可帶我們回到內心的平靜安穩，不再受情緒的波動而感到上下起伏，極為痛苦。

這就像照顧好自己內心的小孩，不再以過去被錯誤對待的方式，再依樣畫葫蘆的用舊方式對待自己。懂得自我關懷、自我安撫，也懂得連結自己的情緒，擔負照顧好自己情緒的責任，並給予自己合理及耐心的回應及照顧。

◇建構完整的自我功能，找回人生主導權

我們的內在發展為一個成熟獨立的個體過程，自我會隨著教育、學習、人生歷練而成長、茁壯。在整個人生發展過程，自主學習就是必要關鍵，願意開放自己，吸收知識或是技術，也有意願看見自己成為一個越來越有能力的人。

但是，當一個人在童年時期，被錯誤的看待及評價，他會毫不考慮的把那些惡劣對待及評價，誤以為是真實的自己，而形成對自己的觀感，對自己的評價有過低的傾向。

對自己評價過低會發生什麼事呢？

這是一種全面性的效應，他無法為自己選擇真正好的生活，所選擇的朋友，

會是不斷製造問題的人，伴侶亦是。因為他無意識中，會認為自己配不上較好的朋友或伴侶，所以不會去和他認為的各方面都優秀的人交往。

由於內在有太多恐懼，那些恐懼形成強大的焦慮，讓他很想去掌控，即使內在有所缺失，也會不顧一切的以有缺陷的工具和方法，去打造自己的世界，然後再製造如過去一樣，具有缺陷的結果，或缺陷的人際關係。

所以，若沒有自覺自己的方法和反覆強迫使用的工具，都是在一種自認沒有資格、不配、低自尊、羞恥感的作用下，形成自己人生的重蹈覆轍，反覆製造缺陷（無益）的結果，那麼人就有可能繼續一面怪罪命運，又一面可憐自己的無能為力，只能任由命運摧殘。

關鍵在於「主動學習」

受害者情結會讓人陷落在負面的信念中，習慣地以負面信念看待人生，也看待別人和世界。這些負面信念，會導致人裹足不前，不僅恐懼失敗更害怕挑戰，寧可留在自認為的舒適圈，即使這舒適圈，明明是剝奪他的成長性，讓他的自我支離破碎，生活上充滿障礙，但他仍會習慣無助的困在這樣的人生情境裡，難以突破和前進。

雖然外人從客觀角度看，會覺得他為什麼要把自己陷落在這種不好的生活情境中？為什麼不力求改變，為自己爭取有尊嚴、權利、尊重和較好品質的生活呢？他還是會因為熟悉和自認為可以掌握一切的安全感，把自己滯留在這不對的環境和人際關係中。

而且，受害心態的「埋怨」和「發洩」機制，更可以讓他們合理化不用學習（一切都是別人的問題，我幹嘛學習？）。這種便利的方式，可以萬年使用。基本上，若沒有主動想改變什麼的動機，也沒有勇氣嘗試到未知的領域和情境學習，那就幾乎是停止成長的狀態了。若是身邊又有人可以任由剝削、差遣、支配，或是糾纏，那麼這一片混亂會得到注意力，而令人忘卻需要聚精會神的學習的重心該是什麼。

力爭上游是困難且費力的，而沉淪和下陷則是輕而易舉的。因此當過往的經驗是固著且強勢的自動化運作時，新的學習成效又無法立竿見影，人們往往容易放棄，再回頭走那輕鬆容易的快速道路。

這也說明，要自我負責、自我承擔、自我實現都是費力和艱辛的，人們輕而易舉的就會放棄難行的自我學習和成長之路。過往缺陷的方法和失功能的反應，雖然無益也無效，卻讓人以為可以快速掌握到安全感和生存條件，而放棄走一條新的出路。

學習，就是拓展自己未接觸過的領域

我們在嬰兒階段是最大量學習時期，我們注意聽環境的音率音頻，來辨識主要照顧者的聲音和詞彙意涵，之後我們還要練習掌握和駕馭自己肌肉的力量，抬頭、仰身、爬行、站立、走路。再之後，發展一連串對表情、圖像、顏色、數字、情境的認識和了解。在主要照顧者的穩定陪伴和引導下，兒童要嘗試接觸外在世界，也要接受一些可以承受的刺激，透過這些情境和刺激，去發現更大的世界，及自己更多的可能，包括自主性和創意。

兒童的發展一開始是這樣主動自發的學習、開展。但過度依賴及寵溺的環境，還有冷漠疏離的環境，可能使一位原本能積極自主學習的個體，漸漸的形塑為退縮、失去自信、自戀又依賴、停滯、退化、空虛、孤單無力的生命體，阻抗成長所需要面對的挑戰和任務。

如果我們要終結「受害者情結」對我們的支配和控制，我們要勇於拋下這樣習慣性的設定：「覺得自己對命運是無能為力的」，然後停止繼續用無效和無益的缺陷方法和工具，不斷的複製過往的缺陷結果。

「無效和無益的方法」就要果斷的拋棄。如果賴著別人、勒索和剝削別人，會讓別人反彈，並引發兩敗俱傷的攻擊和耗損，這就是無效和無益的人際互動方式，要能學習雙向溝通、說明、澄清、對話和討論的能力。

「自我」功能要有效運作，在於一個人是否能掌握自己的思考功能、情感功能和行為決策的功能。其中一項功能受到壓制或是削除，一個人的自我就無法完整。他必然有一部分的自己是分裂的、切斷、缺損的，他就無法為自己的呈現和選擇，負起責任。那麼，歸咎在別人身上、怪罪別人、怨懟世界無情殘忍，就會不自覺的又上演。

若想真實活出自己的完整，讓自己如實存在及體驗，就不要放棄或抑制自己身上某些運作功能的練習及提升。當思考時，好好進行思考；當感受時，好好的體察感受；當行動時，好好的專注行動。並從這些功能的運作過程，學習有意識的覺知自己的反應，和自己的內在歷程。你越感到自己的完整，你會越覺得自己有力量；相反，你越感覺自己破碎及缺乏，你會越感覺自己渺小和軟弱。

所以，不要想要鬆散隨意過日子，只順著自己的意思、罔顧別人的感受。如此不願意為自己的成長負起責任，擔負辛勞的鍛鍊歷程，那麼自我功能的運作，恐怕難以發展和提升，心智效能只好停頓在幼童階段。

畢竟我們所具有的各個功能，若長期廢棄不用了，自然功能就退化，甚至停擺，這是必然的結果。

當你越能掌握完整的自己，不再習慣性的視自己為弱小、低下，評價自己過低，那麼，你會漸漸可以從嘗試新方法、練習新技巧中，發展及啟動自己內在的成長動力，慢慢的找回自我的主導權。當人有完整的主體性，相信自己可以學習、可以發展、可以練習，他也就不會時常覺得困在僵局裡，只能受命運殘害。

◇以慈悲和自己的痛苦連接，修復破損的自我

佛洛姆在《愛的藝術》中說：「一個人如果沒有以極大的努力去發展自己完整的人格，並因此獲得建設性的人格發展方向，則這個人在『愛情』上所做的一切努力，注定要失敗。」

人的一生，其中之一的重要任務就是發展自己的完整成熟人格。沒有成熟完整的人格，就無法在人我的關係上，以自愛和愛人做為關係的根基，來培養具有建設性的正向關係。

想想，一個有著幼稚人格，自我尚未成熟的父母親，如何能真正地了解他的孩子需要什麼樣的照顧和對待，才能真實有益於孩子的成長和發展？幼稚的父母，最容易發生的是，將孩子物化、工具化，利用孩子來滿足他無盡的慾望和私利，包括控制欲和佔有欲。這樣的父母，是沒有能力深刻的學習及領悟，一個孩子的成長究竟需要什麼正向的助力和資源，來做為他成長為一個獨立個體的養分和支持。

在感情關係上也是如此。一個內在人格不成熟的個體，無法在親密關係中真實的創造平等互惠的正向成長關係，他想過度依賴，耽溺在他想要的供應和照顧中，無盡的滿足內心的情感黑洞，以另一個人的存在，做為自己生命痛苦的救贖者，要對方犧牲和無私奉獻，好換來他渴求已久的快樂和歡愉。

這種完全只想滿足自己私欲和私利的不成熟人格，加上內心情感匱乏，這樣的個體是沒有能力愛人的，他們所謂的「愛」是沒有創造力和活力的，而是一種拘禁和挾持，讓人不僅受到強迫和控制，還會感到無法呼吸的窒息感。

如果，你是具有受害者情結的個體，你需要切實明白，在你內心的哀怨痛苦孤兒心靈，那極度無助又沒有安全感的內在憂鬱小孩，需要由你自己來救贖，透過你為自己的付出和關懷，真正的連結及培養你和自己內在的關係。

你常深感活在地獄裡，內心滿是憂愁和哀傷，而渴望有人關懷和安慰，並且永不離去、永不消失，那麼，讓我告訴你，你期待的這一個人，由你自己來當最好。

任何一個成人，都需要有能力去處理和化解自己內心的各種情緒，特別是適應生活的過程中，會產生的諸多挫折、難過、失望、失落，或是憤怒。有能力調節情緒及安撫變動的自己，正是一位成熟成人的呈現。若是他無法調節及安撫自己，他又如何能獨當一面的面對人生歷程所要面對的各種挑戰及現實生活問題？

超渡你內心的陰鬱小孩，還給他希望和光明

我們之所以總是無法抑制的渴求救贖和拯救者，那是來自我們太習慣無助感和無力感，這兩種感覺常說服我們「什麼都辦不到」，讓我們拒絕嘗試，落入等待的位置。

同時，那內心無助和無力的陰鬱小孩，令我們厭惡和厭煩，覺得他很難擺平，總是起伏不定，充滿各種糾結、混亂和強烈的負面情緒。尤其是恨起來的時候、憤怒起來的時候、怨起來的時候，就像陰鬱小孩會突然之間轉變為可怕的厲鬼，青面獠牙的出現，殘暴的想要毀滅別人和世界。這些內心的黑暗勢力和面貌，讓我們自己也很想迴避，所以總是逃離去面對和靠近內心的陰鬱小孩。

我們無法相信他只是孩子；一個無辜的孩子、一個需要愛的孩子、一個長期

受到忽視及充滿孤單寂寞的孩子。因為無法相信他只是孩子，甚至誤以為他是可怕的、殘暴的、具有毀滅力的厲鬼，所以，只能無力且恐懼的冷眼旁觀，等待看看有誰可以神力非凡、道行高超，好能收服他、馴化他、平息他。

就因為我們內心也抗拒面對這一個自己、這一個黑暗力量，於是我們內在衝突而分裂，怎麼樣都無法和自己和好、修復及恢復完整。不論我們借助什麼樣的外界幫助力量和修復力，或是接受外界什麼樣的關懷及支持，最後的考驗和關鍵，還是必須回到自己和自己的關係。

你需要願意學習去愛和接納過往傷心和破碎的自己，而不是繼續的切割和拒絕。唯有愛，可以療癒；唯有愛，可以超渡，化解那心中的怨，放下心中的痴念妄想。

當愛能夠從內心發生了，內在才能開始自產情感，有了對自己的情感呵護和關懷，經驗溫柔溫暖的溫度，滋養和撫慰自己的傷痛，真正的揭開內在的空間，允許你的內在出現光亮和希望。

人間有悲苦，人心有慈悲

人間有苦難是一個不爭的事實，所以我們不能去漠視人會悲苦的事實。但在歷經數千年的歷史，人類能在苦難中，不致集體滅亡，還能走向安康和續存，是因為人類有關懷苦難的能力，也試著在不可抗力的苦難中，尋求療癒和修復的機制，以慈悲之心，看待人類的脆弱和渺小，然後不失對人類世界的盼望和願景。

受害者情結的個體需要明白，你也是集體人類的一員，你的世界不是只有你一個人的存在。如果你願意試著去連結更大的世界，一起關懷人類的發展和集體的幸福，你對世界的關懷和貢獻，也會讓你不再膠著、侷限在自己過往所經歷的痛苦遭遇。你會有更大的力量和願景，一起產出更多的愛和修復力，讓這世界雖然仍有苦難和悲苦，但愛及修復力從不在這世界缺席。

當你能從你的苦痛和創傷中，真實的學會治癒和修復時，你會一同成為這世界的護衛力量，化身為溫柔的慈悲，那麼，你就不再是無助和無力的命運受害者，反而是超越你生命苦難的勇者、智者和仁者。

◇引導自己鬆動固守的扭曲信念

過往童年以及成長過程，那些痛苦難堪的受創經歷，會讓你形成一個個既定的認知判斷，這些認知判斷會偏向負面的、不好的、殘忍的、不幸的，當你一次次的認定、一遍遍的加深這些認知，並且深信不疑，彷彿是理所當然的，不需再經過思考、檢視、驗證，它們便會以「信念」的方式，存在於你的內在系統中，遇到你所設定的情境時，這些信念便會毫不猶豫的出現，推動你自動化的情緒反應，或者自動化的行為反應。

例如：若你幼年覺得家庭帶給你許多的情緒暴力或傷害，你只能任由家人對你施加精神暴力，或是對你施予貶抑、羞辱等傷害，你無能為力對抗及反駁，加上害怕被遺棄及拒絕，而形成了畏懼畏避性格，以討好或壓抑來做為生存方式，那麼你的經歷，可能會讓你形成「我是下賤的、卑微的、可恥的」信念，或是讓你形成像是：「我只能任由別人傷害」、「我無能為力阻止那些傷害我的人」、「這世界的人都會傷害我」……等等的固執信念，來影響你的情緒狀態，也影響你會做出的行為反應。

這些過往傷痛經驗所設下的信念，往往是為了讓我們提高警覺，活在警備狀態，好讓我們防止再被傷害的可能，或是讓我們不抱希望的活著，以為沒有任何期待就不會再受到傷害。

這些根深柢固的信念，是沒有經過成人後的重新理解及辨認，受到童年無助和無力的經驗影響，固著的認定自己的一無是處及只能任由他人傷害。可想而知，沒有經過客觀理解及重新學習的情況下，所形成的設定，不會是客觀事實，而只是符合自己在童年時期，有限的心靈及有限的理解能力下，所做的偏頗判斷。

對一個成人來說，所謂的成人就是有能力重新回看及重新梳理，過往所發生的生命遭遇和事件情節。能夠看到多元的角度，和一個事件發生的綜合因素。這些因素和多元角度，會告訴我們，任何一個不幸和痛苦的遭遇，是不能被簡化為單一的原因，不是「我不好」或「他不好」，不是簡易的抓一個人來做加害者或當受害者，就可以了結、定論的。

負面的認知信念，反芻負面的情緒痛苦

負面認知信念要鬆動確實非常困難，畢竟已是長久以來大腦的運作方式。當一種思考以「信念」的方式形成，表示那會成為一個人活著時所要貫徹的核心價值觀，他依據這核心價值觀，決策自己的言行舉止和情感模式。

這種以負面認知信念運作的內在系統，會以不假思索的自動化思考歷程推動行為的反應，同時也產生因應這些信念和行為的情緒。若是繼續不假思索地行動，則情緒的激發和累積，也會必然的發生。

理性情緒行為治療法（REBT）創始人艾裡斯（Albert Ellis）提出了認知的「ABC情緒理論框架」，即：真實發生的事件（A），進行什麼樣的思考、信念、自我評估其所遭遇的事件（B），和因為思考、信念、自我評估此事件所產生的情緒結果（C），如何影響和推動一個人的內在歷程。

他用這個理論架構說明人們的思考、信念、自我評估是理性的，則情緒會是正常的；相反，如果人們的思考、信念、自我告知和評估是非理性的、扭曲的，則人們會逐漸發展出不正常的情緒、情感行為。簡單來說，如果人們有正確的認

知，他的情緒和行為就是正常的，如果他的認知是錯誤非理性的，則他的情緒和行為都可能導向錯誤和扭曲。

於是，辨識出自己的「自動化的思考歷程」，重新檢視及評估自己的「認知信念」如何產生、如何引起、如何影響及推動行為和情緒，就會是非常重要的自我覺察過程。

生活在華人社會擅於順應卻不擅邏輯思辨的我們，大多數的人都習慣於不合邏輯的自動化思考，並產生不合理的信念：例如，「我應該是完美的」、「如果犯了一個非常可怕的錯誤我就會完蛋」、「因為證明我是不完美的，因此我的存在根本是毫無價值的」……等等。很少人能察覺自己在思考上的主要前提及想法的演繹歷程，往往只把焦點放在結論上，卻很少經由反覆的思辯及駁斥過程，來產生趨近客觀現實的答案。

若是結論是不合邏輯的，當然也就產生了程度不一的情緒問題。最嚴重的情緒問題，莫過於反覆的陷落在低落、憂鬱、焦慮和強烈厭惡及排斥自己的情緒漩渦中。

引導自己拆解「負面認知和不合理信念」

受害者情結的全面效應，是整個人及包含他所要面對的人際關係和生活問題。不論產生什麼樣的行為或是情緒感受，主要的關鍵都是根據個體的解讀和判斷來的，由此可知，重新調動「認知信念」是多麼重要的過程。

若是你有這一方面的困擾，你需要陪伴及協助自己，來引導自己做一系列鬆動性的思考練習，以鬆開那固著已久的固態化思想，有幾個反問自己的問句，需要陪伴自己進行一段時間的反覆詢問，好讓自己爭取寬廣一點的思考空間，容許自己重新思考及練習思辯。

你可以將這樣的歷程視為和自己對話的機會。而這些問句，像是一位心理教練幫自己反覆提問，不再是理所當然就覺得這樣思考是應該的、必然的。這些提問可以是：

「這是真的嗎？」
「只有這一個可能嗎？」
「誰告訴你的？」
「這真的是事實嗎？」
「還可以怎麼想？」

練習思考，運用思辯過程，是一個人在鍛鍊多元思考及客觀思考很重要的練習。童年時期，我們因為生活經驗的驅使所形成的認知信念，往往是缺乏邏輯思辯歷程的主觀（自我中心）判斷，只因為自己這樣認定的，就以為是客觀事實了。

所以，我們需要試著引導自己多方向的思考，換到不同角度及位置思考，體會多一點這世界除了自己認定的信念之外，有它客觀在運行的方式。別人的思考方式和你的思考方式肯定是不同的，不同人所思考的角度和觀點都有獨特的脈絡和歷程，所以不再以自己想當然耳的結論，就要投射或延伸至別人身上。

舉例說明一下，比如有一個人嘗試想和人交往，與別人建立新人際關係，卻因為過往的經驗累積，讓他深信不疑：「我是會被人拒絕的」、「我會被人傷害」、「別人多認識我一點就會討厭我」……等等這些認知信念，他便會產生退縮及迴避等行為，甚至先防衛及武裝自己，然後內心激發出許多焦慮不安和強烈的恐懼，不停的偵測環境的危險訊息，也不停的批判自己的表現，那麼他在人際關係中就會難以自處，無法有自信的展現自我，並進一步擁有穩定情緒的認識別人。而別人的存在，在這樣既定的判斷和負面認知信念下，必然會被投射和解讀成充滿惡意、冷漠、勢利或是危險的敵人。

這時，我們要調動認知信念，就要反問自己、與自己對話，提問上述的那些問題，幫助自己鬆動既定的負面信念。可以多回應自己：「事實上不知道會怎麼樣」、「不一定會那樣發生」、「讓情況自然發生並試著加以認識、了解和面對」。當我們可以鬆動及放下想用既定認知信念來以為可以掌握未知時，我們會開始允許自己真實經驗、允許自己接觸和嘗試，那麼，新的經驗便有機會讓你重新調整及修改過往累積的固著想法，慢慢的修通、慢慢的轉化。

害怕面對真實，害怕面對未知的人，會讓自己持續的活在封閉的角落中，用固執的認知信念解讀這複雜的世界。若我們要往成人能力更進一步，那麼，就讓我們接受這世界的複雜存在，既是複雜卻能共存。

只要我們能不企圖用自己的有限能力去掌控這未知的世界，我們才可能有勇氣離開內心的地窖，擁抱外在真實、多變化，也充滿豐富的世界。

◇超脫好壞對錯的二元對立觀點

受害者情結個體因為內心耽溺在幼兒心靈，會很習慣以簡單的二元判斷來面對世界。對兒童來說，他們的認知功能尚無法處理太複雜及太抽象的思考，也無法透過自己的思考能力就推論出具有邏輯的因果，當然包括後果預估。

於是你會看到很多大人他們對待孩子或所謂的教養，並不是陪伴及引導孩子理解及思考，而是給予指令，要求孩子聽令動作。這是快速的要求孩子做到大人要達到的結果，卻不是幫助孩子發展獨立的思考能力。

你會看見許多人雖然生理上是成年了，但在為人處事上的反應，不僅以非常簡化判斷的方式因應，還很依賴聽令動作，一個口令一個動作，等待別人給予答案或步驟，卻不擅啟動自己的思考，去推論、處理複雜資訊，並尋找到解決問題的多策略方法。

人類的習性，因為思考比較費力，所以能不思考就不思考，而是仰賴記憶及經驗過活。我們面對的問題多半是以前解決過的、做過的，所以我們只需依樣畫葫蘆。這種不覺知的情況，可以讓我們即使活了六十年，其實也像只活了五年一樣，用五年的生存經驗，就依樣畫葫蘆憑記憶生存。當然這樣的情況下，個體無法隨著生理的成長，同步的開展心智能力和自我的各種功能。

認知自己是成人，請練習處理複雜

受害者情結個體的內在系統（包括人格）尚未轉化成熟，還是以幼兒的心智能力在面對世界。他們要嘛簡單行事，要嘛逃避複雜。所以，若要從受害者情結的心態中，獲得自我的鍛鍊和成長，就需要練習處理複雜的情況，並且練習這世界是複雜的共存，包括自我也是，我們的自我也是多樣貌多呈現的複雜的整體，如此才有機會開始跳脫二元對立的觀點，判斷好壞是非。

你可以看見在我們的學習過程、童年的考試測驗裡，總是從要我們判斷對錯是非開始，隨著成長過程的能力不同，我們開始能進行選擇題、複選題，進而開始申論題，最後是透過研究報告或實驗來進行知識及學習的累積。

這象徵著我們的認知功能也要經歷相同的學習歷程，能從單一判斷是非，到能進行多項目思考抉擇，再到能論述自己的觀點想法，之後能發展進行統整性的報告，做有系統的思辨、批判和見解，以建構自己暫時性的探究結果。這種智能性的訓練，就是讓我們能不再以幼兒式無法客觀理性的思考模式，來因應成人的生活及世界。

你不能再像個孩子一樣，總在卡通當中，想要快速的認定誰是好人誰是壞人。或像孩子一樣，總是覺得和我不同想法的人，就該消失，就是敵人、壞人。又或是像孩子一樣，只要別人有不同想法和意見，就覺得自己被否定、被傷害，對對方恨之入骨，或想要攻擊挑釁。

增長理性的功能，是為了讓我們不活在自我中心中，以非我族類就該消滅的人類本性在成人世界運作。人的本能是情緒性的、衝動性的，若沒有理性功能加以調節、評估、思索、衡量、辨識、推論，那麼，人類的情緒衝動將會帶給人類生活很嚴重的後果和問題。

所謂的處理複雜，就是增進思考，真正的思考，而不是憂慮或想太多，真正的歸納、組織、分析、邏輯推論，及思考解決問題的策略。擁有這些能力，才能進行對客觀現實世界的理解，也才能處理複雜現象的共存，還能進一步的從複雜中思考自己的因應方法和處理策略。

缺失的，就為自己培養

如果一個人在成長過程中，有機會隨著成長的過程歷練自己的思考力，學習理性的思辨和問題解決的方法，那麼「受害者情結」是有機會迎刃而解。往往「受害者情結」膠著得難以解開，來自個體理性功能弱勢、情緒強勢導向，不擅以客觀理性思考為自己化解生活問題和人際間的複雜情勢。

知道自己哪裡缺失，便能給予自己機會重新學習，舉凡和理性活動有關的事物都可以多加接觸及學習。特別在掌握自己的思考歷程，可以從繪製自己的心智圖，幫自己繪製自己的思維導向，進行左右半腦的合作，腦力激盪自己的多方向思考歷程。（有興趣者可以搜尋：心智圖法）

當然閱讀和思考，並練習做自己的閱讀筆記，是累積自己知識和思考激盪經驗值最直接的幫助。並不是指抄寫金句之類的，而是能透過自己一小段一小段的閱讀，反思自己的觀點、經驗，閱讀後的收穫及心得，最後試著提問，增進自己進一步的好奇。閱讀獲得的知識和文字，是借重別人的專業及知識，但要轉化為自己的知識和能力，就需要自己在咀嚼消化後，能說出的見解和觀點，才是屬於自己的。

「受害者情結」因為膠著在童年的情感受創經驗，加上大量高壓混亂情緒的累積和傷害，以致沒有機會和空間在平穩的環境下，練習思想、理解和推論，大部分時間恐懼自己的生存不安全感，及擔憂自己被危害的心理狀態下，往往他們只能顧及獲取立即性的安全，而不是思謀長遠之計。若是個體能啟動思考，不受困於情緒的糾纏和衝擊，那麼受害者的情結或許也不會如死結一般的難解。

有理性思考能力的人，才能真正做到換位思考，也才可能真正的產生同理心。無法換位思考就無法透過別人的立場和位置、角度和觀點，還有個人生命脈絡來理解及推論別人的感受、反應和選擇。同理心有三種必要的成分：（1）區分與辨認他人情感狀態的能力；（2）假設對方觀點和角色的能力；（3）經驗情緒和反應的情感能力。有此同理心的能力，才可能在生活當中，不執著及侷限於自己的受害受苦觀點，而失去能力去理解及洞察別人的感受和實際經歷的狀態。

若是一個受害者情結個體對別人的感受和經驗毫無興趣，並執著於世界和別人都應該依照他的需求來供應和滿足，也就等於他視自己為法律及地球的中心，這不僅會更加深自己的二元對立觀點，也幾乎難以和緩調整他和別人的人際關係型態。這也就是為什麼他很難在這世界發展及建立平穩安全及信任的關係。

◇重新習得安全依戀，發展客觀彈性的距離

依戀理論的提出者：英國精神病學家約翰．鮑比（John Bowlby）曾說，童年受損創傷的依戀關係，會讓我們在日後的人際關係中只要觸及童年受創的相似情境，就會引發猶如當時童年的無助及脆弱感，令我們動彈不得、無法因應。而所謂的修復受損的依戀關係，恢復回應當下情境的自我能力，就是要能發展和重要他人及在人際關係中，具有彈性客觀的距離來進行關係互動和調節。

意思是要能離開「自我中心」的主觀位置，彈性移動自己的角度和位置，適時的拉出距離，有所進退的觀看關係的局面和情況。

比如：你正和一位重要的人共進晚餐，無論是你的朋友或是伴侶，抑或是親人，他現在看起來很疲倦，感覺起來沒什麼太大興致談天說笑，如果你只站在主觀位置看這樣的現象，你可能會無名火上揚，覺得有一種被辜負或被忽視的感覺，若是受害者情結引爆，甚至還會出現覺得自己很倒楣，為什麼要被對方情緒壓迫和輕視對待？然後立刻出現對方是加害者，你是受害者的反應，接著引發一

連串不悅的情緒和念頭，並可能因此想逃離或攻擊對方。

若你能具有依戀的安全感，相信對方不是要傷害你，然後試著換到對方的位置感受對方的情緒狀態，思考對方一天的生活脈絡，並且辨識對方的表情來了解對方的內在情緒狀態。這時候的你，不是以自己為中心的對對方不滿及覺得受傷，而是有能力彈性移動，找到一個安全的心理距離範圍，留在關係裡繼續互動或對應。

這時候的你，可以嘗試問對方：「我發現了你看起來很疲憊，發生了什麼事？你會想要說說嗎？」

如果對方現在欲言又止，或看起來很無力煩悶，在安全的依戀關係下，我們會了解到這是對方目前的狀態，他的感受不太舒服及穩定，他需要時間整理和照顧他自己，但這不意謂著「我被冷落」、「我被拒絕」、「我被切割」。

受害者情結的個體都有依戀關係的議題。因為童年不穩定及充滿危險的依戀關係，使他們建立成人關係時，也有較高的傾向往焦慮型的依戀關係和逃避型的依戀關係發展。

若是呈現焦慮型的依戀關係，則個體容易受環境和關係的對象影響，一有風吹草動、一個眼神一個口氣，都會引發個體的焦慮不安，彷彿有什麼可怕的事要發生了。而這些可怕的事，不外乎是：要被拋棄了、要被傷害了、要被厭惡了。因為他們自認為自己的存在沒有價值和重要性，因此對方一稍有眼神迴避、心不在焉，或是有心事狀，焦慮依戀者就會投射大量的自貶、自我羞辱和自我排斥在對方身上，很難去洞察及理解對方真實的存在狀態。

若是發展為逃避型的依戀關係者，則一感到對方的狀態不佳，或沒有如自己期待的表現（熱情、溫暖、專心、歡愉、好奇、熱中），就開始覺得可能自己會被批評、被厭惡或被不喜歡，而感到內心的壓力和苦惱。然而，他們不喜歡這種苦惱和情緒有壓力的感覺，他們阻止自己經歷這種關係中不明的狀態，所用的方式就是壓抑和切割，封閉及終止任何的互動和可能的接觸。

受損的依戀關係，讓人在關係中總充滿不信任

因為過往受傷和人際挫折的經驗，讓受害者情結的個體面對必須和人互動、

和人建立關係時，充滿了無力和恐懼，而最大的影響是，他們對人已失去信任感。在無法對關係信任的情況下，他們就更執著認定被傷害和被背叛的可能。

為了擷取及警覺自己會被傷害及背叛的訊息，他們幾乎連一些非常小的問題都不放過。對沒有這種狀態的人來說，別人一時的口氣差或是冷淡，雖然會引發一些情緒變動，但內心的調節力和涵納度會幫助我們釋懷，及放過那一時間的人際小摩擦，不往自己身上加油添醋，添更多亂子。但若是對人際關係不信任，並因此時常感到不安全、焦慮、緊張、防衛的個體，就會從這一處小細節、小矛盾、小衝突中，衍生更多的主觀解讀及判斷，並發酵出更多的混亂情緒，和對方展開拉扯和糾葛。最主要的原因，即是潛意識中對關係的不安全依戀，激起衝動性的防衛，認為：「別人要來傷害和攻擊我了，我怎麼可以被他得逞？我一定要做些什麼反擊！」

因此，具有不安全依戀關係的人，像是具有受害者情結個體亦有這樣的關係型態，很難和世界平和相處，也很困難維持友好和穩定的關係。若你自覺到自己正是理所當然的把人視為可怕的、敵意的、會傷害人的，那你一定也能深刻體會到自己內心的警戒系統有多強悍和激動。

習得安全感，才有經驗關係美好的可能

停止反覆的明示、暗示自己「人都是不可信任的」。從客觀的事實來說，每個人，包括你自己，都有可信任的時候和不可信任的時候。許多人際關係的情況，為了顧及自己的隱私和個人界線，我們無法以全然揭露的方式，為了得到別人的信任，完全曝光自己。

為了要求信任而要求別人全部不能隱瞞或是欺騙，要完完全全的照實說，在現實客觀的處境上，這是有困難的，包括商業之間、對手之間、職場關係或是家人關係，都有每個人自己想要保留的範圍，也有不想公開的部分。

要求沒有界線、沒有隱私的關係，才說能信任，基本上已是以不信任為前提，所進行的假設。認為：「只有完完全全的揭露和公開，沒有一絲個人的隱私，才能讓人信任」，這樣的假設，並不是為了建立信任感，而是為了掌控和預防，同時也是剝奪個人的權利自由。

人有權利決定如何處理和保留自己的資料、隱私、文件，在未經同意下，是不能強迫公開或暴露的。如果，你因為一個人想要有個人隱私和界線，而採取不信任態度，並以不安全感反應對待，那麼你需要認知到：有問題的人不是對方，而是你。基於自己的不安全感和焦慮，便想剝奪別人的自主權利、破壞別人的隱私界線，不僅國家政府不能這麼做、機關單位不能這麼做，人與人之間的關係也不能這麼做。

如果沒有清楚的人際關係界線認知，那麼想要習得安全感的人際關係，就會遇到阻礙和拉扯，也不會真的如願的掌控得了別人的行動和情感，獲得自己想要的安全感人際關係。

習得安全感的關鍵，在於能辨識出一個人的心態和人格是否充滿問題。若是有穩定的情緒、成熟的人格狀態，以及具有尊重、合理的態度與人互動，那麼這一個人，就是來協助自己習得安全感的重要人士。在可以建立信任關係的基礎下，開始練習尊重及合理的對待關係，有意識的善待及珍惜關係，不任意的做破壞界線和拉扯糾纏的互動方式。

你需要了解，每個人都需要適當的界線來保護彼此，讓自己的內在有安穩的空間，不任意的被侵犯和打擾。如果你體察自己也有這樣的需要，就要能推理到他人身上，理解別人也需要這樣的尊重和禮貌的對待。

當我們能先維護自己的安全範圍，我們才能在這世界和別人互動時，了解到該保持什麼樣的距離，以策彼此的安全。就像我們在道路上行車，希望彼此都平安，能共同前進，不受阻礙，因此更能了解保持適當距離，是保護彼此最好的同行方式。讓關係真的能相伴，而不相絆。

◇建立穩健的自尊，擺脫挫敗的自我攻擊

受害者情結者個體之所以耽溺在受害者情結中而無法解脫，來自內心自我的虛弱無力，因為沒有穩健的自尊，也就難以成長為穩健的自我。

自尊，是建設自我的基礎。一個人對自己失去尊重、缺乏接納和認同，他的自我就難發展完整，總是自我懷疑和自我貶抑，對自己不抱有情感的施以攻擊和

挫敗，於是看待自己的觀感也會十分負面，充滿否定。

內在沒有能力肯定及認同自我的人，面對外界時，會把每個他遇見、看見的人，視為照映回自己形象和觀感的鏡子，事實上是他內心排斥和厭惡自己。他會從那些被他視為鏡子的人身上，特別是表情和行為上，照映回來自己是一個多麼的讓人討厭、讓人排斥和否定的人。

一個不接納自己、不喜愛自己的人，眼睛看出去的世界，看出去的別人，都彷彿在告訴他：你很不好、很不對、很糟糕、有問題。然而，其實那是他內在的聲音，對自己的批判和排斥，若沒有自我覺察，那幾乎時時刻刻都要淪陷在焦慮和痛苦的情緒中。

練習與自己發展正向關係

童年情感受創和缺失情感關注的個體，往往會將過往被錯誤對待和照顧的方式繼續施展在自己身上。因為過於順應和內化那些錯誤的照顧方式，以為那些方式是理所當然，同時加上模仿和複製，無法擺脫的繼續複製這些方式對待自己。

若是成長的過程，都沒有機會離開過去那些錯誤對待的人事物，那麼個體與自己的關係，就可能沒有機會得到新檢視、重新辨認，而能加以矯治修正。

可是，這對受害者情結個體的心理治癒歷程是非常重要的關鍵，沒有重新修復的自我關係，個體依舊對自己懷恨敵視、否定及低評價，他又能如何能堅持的給予自己希望和關懷，讓自己有力量進行非常艱辛難行的自我療癒過程？

療癒是非常不容易的，這不僅是內在心靈的大工程，也是走進自己生命深處，揭開苦痛傷痕處，賦予重新的撫慰和理解，學習寬容及善待自己的大課題。如果，沒有痛定思痛的毅力和勇氣，人們幾乎都想迴避去面對那被自己隱藏、否認或壓抑的難堪脆弱自我、羞恥及不亮麗的自我。

我自己也走過生命的深層療癒，同時也見證許多人揭開深層的傷痛，並進行療傷，我可以肯定的說，能堅定的進行、持續的進行，並且不因無法快速看見成效就放棄、逃避的人，都需要有一個堅定的信念：「我要自我痊癒，我要好起來，挽救自己的生命。」這一份信念能義無反顧，願意不氣餒的堅持下去，無論是撞牆期或走進死胡同，還是願意耐心、包容、容許、接納、支持、同理、關愛的對待自己、陪伴自己，這種對自己抱持正向的關係態度，以正向的情感維繫，我們才可能度過萬重山，陪自己走過一次次的柳暗花明又一村，直到走到自己內心的安穩之地，真實的找到內在的心靈歸屬，完整的修復自我。

不論你有什麼樣的心靈殘缺，或是過往經歷了什麼童年傷痛及逆境，你需要慢慢了解，那些遭遇不能決定你要成為什麼樣的人，也不能決定你的生命就該被否定和摒棄，唯有你，才會是最後決定自己會成為怎樣一個人的關鍵人物，如果你願意關愛自己、修復及治癒自己，那麼你仍然有機會向自己證明，你的生命是獨特而寶貴的，你的存在本質仍是美好而有價值的。因為你相信，你就會因為這樣的信念而前進。

停止複製惡劣的方式對待自己，帶自己離開惡性循環

如果你願意開始珍愛自己，以正向情感維繫和自己的關係，那麼包括你周遭的關係，也需要好好的檢視，進行一場確實的斷捨離，離開和終止惡質的關係、惡劣的態度、惡性的循環。

如果你願意開始尊重自己，那麼失去那些不尊重你的人並不可惜，也絕對不會是損失。如果開始學習珍愛自己，你就會明白你不用再等待誰來肯定你、重視你、珍惜你。過去你不懂尊重和愛惜自己的心態，會讓你選擇一些不對的人用不對的態度和方式對待你，甚至苛責你、羞辱你、傷害你，而你顯得無能為力，因為你總是合理化他們的行為，不然就是因為害怕失去他們，而要自己忍耐及繼續承受。正因為你這些反應和態度，讓他們更加無動於衷也無所顧忌。你需要明白和了解，你讓他們這樣對待你，會在你內在反覆的循環自己無能為力，和自己的哀怨及不甘心，這對你的心理創傷，特別是受害者情結的鬆動解開，毫無幫助。

通往健康自我的方向是全面性的調整

有人問：「那我可不可以調整自己，自己內在改變就好呢？而不需去離開關係或終止關係？」說坦白點，我很難理解及想像當一個人的內在轉變為珍愛自己、尊重自己，以正面情感善待自己時，還會把自己留在錯誤對待、負向循環的惡質關係中？這不是等於要把自己分裂為內在和外在的兩個世界，繼續合理化別人的惡劣行為，然後在承受過後，在內心裡安慰和關心自己，就以為自己沒事了？

一個真實健康的人，不會這樣繼續分裂自己在兩個完全不同的世界，若是如此，恐怕他仍然有不敢面對的心理問題，還有他抗拒而難以梳理清晰的關係狀態，否則他怎麼會以兩種截然不同的標準和價值觀在面對他的生活，一面關愛自己，一面又任人侵犯和惡待？這是十分不一致、衝突、不穩定，又缺乏統整的心理狀態。

我必須這麼說，當你真的有治癒自己的動機，想要擺脫受害者情結的支配，真實的活出健康的自我，那麼你不可能不處理和整頓自己過去錯誤選擇而來的人際關係。就像是一個身體生病的人，若要恢復健康，他不可能不拋棄錯誤的生活方式、不終止錯誤的飲食及習慣，他不可能照舊做那些不對的處置，繼續過那錯誤的生活方式，卻說自己要恢復健康。

所以，你若真心誠意的要修復自我，那麼，不要再留在錯誤的關係裡，或被錯誤的對待，那會讓你的受害者情結雪上加霜，至少會持續的發作潰爛，延遲復原、失去自癒的機會。

◇學習自我負責，做一個有力量的成人

內心有受害者情結的個體，若真誠坦然面對自己，就會知道自己內在有多麼抗拒承擔自我生命的責任。若不是內心有多麼恐懼承擔生命的責任，也充塞著諸多不合理的恐懼，人不會那麼想拉住拖住一個人，把自己生活和生命的各種問題拋給他、怪罪他，要他負責。

一個人長大成人的意義，就是能進行自主選擇，並明白各種選擇的自我承擔和負責。為什麼未成年人需要監護人、需要家長？因為他們心理的成熟度還未成熟到可以自我承擔。所以，即使他們有很多我行我素的行為發生，實際上不是每個我行我素行為的後果，都是他們可以承擔和負責的。這就是成年的意義，你需要由自己獨自承擔和負責，而不能再把自己的行為和作為歸咎在「都是他們害我的」。

確實，在過去童年時期，以及未成年的青少年階段，你有許多遭遇和經歷都是出於不能選擇下的後果，包括被照顧及對待的方式。因為你不能選擇，所以要

你承擔的話，你會覺得很莫名其妙、很委屈、不甘願，或是氣憤難平。那麼，你會明白，不是出於自己的選擇下所承擔的責任，是一件多嘔、多悶、多氣的事。

而長大成人，就是要你明白這一點。你無法再像小時候一樣，對自己的事情、生活及人生，抱持聽命行事、無能為力、委屈討好的態度，你需要練就自我負責的能力。想要自己的生命不再充滿委屈、不平，或是不甘願，就是做一個有能力承擔自己生命的人，如此才能有足夠的勇氣，選擇自己要過的人生，而不是再重複地覺得受制或將就於誰，才產生不甘不願的受害感。

自我承擔和負責，來自可以自我安撫和支持

一個成人和一個孩子為什麼在自我承擔方面，有這麼大的差異呢？這些能力的差異，主要來自經驗磨練和自我承接度的不同。

一個孩子對自己內在的情緒起伏和各種煩惱，往往沒有能力也沒有足夠經驗，來了解該如何處理和因應。特別是承接自己內在的情緒波動和糾結煩雜的情緒衝突，孩子無法梳理、辨認及安撫，亟需有一個成人在他身旁引導、說明、陪

伴及安撫，讓他可以透過陪伴和引導，調節自己的思考和情緒感受，移動到平衡和平穩的方向，進而釋懷。

當孩子在成長過程的頭二十年有足夠的引導、陪伴及協助，還有成人的示範及身教，那麼這個孩子會有機會因為足夠的經驗值和練習，長成為一個成熟沉穩有擔當力的成人。

然而，若你受困於受害者情結的話，那麼你身旁恐怕沒有這樣成熟、沉穩，能自我負責的成人典範，反而是存在幼稚性的不成熟大人，或是任意而為又無法自我負責的大人。所以你無法確知及理解什麼是自我負責，什麼是不怪罪的忠於自己的選擇，並承擔選擇造成的後果。

只有當我們能承接自己的情緒波動，即使不舒服、失望，甚至痛苦，都能承接住自己，不因過度痛苦及難受，而想外拋及切割這個自己，或企圖找個代罪羔羊來轉移自己的痛苦挫折情緒，我們才算是真正的成長為一個有能力且獨立的成人個體。

你會練習和自己的各種情緒相處，從認識自己的情緒、了解情緒的發生機制，再洞悉情緒所要和你溝通表達的是什麼。你全盤的對自己情緒了解及掌握，才不會像幼時一樣，只是感覺到有情緒就覺得不舒服和不適，卻對情緒一無所知，只想發洩和迴避。

對自己情緒的未知，是我們受害感揮之不去的原因之一

許多時候，我們的生活會一直存在受害感，主要的原因之一正是我們受自己情緒所害所傷。我們覺得自己有痛苦情緒時，像是挫折、失敗感、沮喪感、憤怒、委屈……等等不愉快的情緒時，我們對自己的情緒發生無力招架，也無能為力關懷和自我安慰，這種無力感和痛苦感，使我們好像被打趴，或遭遇某種壓迫、剝奪和折磨。於是，我們心有不甘，很想要找誰來為我的不快和不舒服負責，而忽略對自己發生的情緒，要負起照顧和調節的責任。

一個完整成熟獨立的人，是包括能承接及處理自己的情緒，不以切割或怪罪的方式，漠視自己的情緒、排斥自己的情緒，然後對自己的內在情感變動一籌莫展。當我們因為受害者情結而使自己的成長擱淺，造成許多阻礙時，我們對培養

自我內在的承接力和安撫力便少了許多專注，反倒用了許多能量力氣在自憐和自怨，以致無法真正地和情緒建立合作及友伴的關係，統整情感為完整自己的一部分。

所以，學會安撫自己的情緒，協助及引導自己調節情緒波動，給予自己內在安全感的奠定，是我們終止受害者情結很重要的任務。別再把自我安穩和安頓的責任推給任何一個人，也不再把自己的內在安全感，歸咎於環境和別人有沒有依順自己的期待、滿足自己的需求。

自己的情緒，若能願意由自己關照；自己的安全感，若能先由自己安撫，那麼，一次一次的練習，肯定能鬆動被動地等待別人救援的習慣，也能真實的感受到內心的自己，是一個有力量保護、安頓、照顧生命的成人。

◇放下對自己的「完美」期待，接納真實的自己

受害者情結的難以鬆解，某一方面來自我們很難接納心中認定的「不好」或「不完美」的事情發生。這些被認為是不好的事情，來自個體對事件的評價，還

有對自己的否定及不滿意。因為內心強烈的想拒絕不好的事情在自己身上發生，排斥一個覺得有瑕疵或不夠完美的自己存在，有些受害者情結個體會有強烈的恨意和憤怒，覺得自己被毀了，並覺得毀了自己的人應該要付出什麼代價。

如果那些造成自己被毀了或有瑕疵的人，並不用承受任何懲罰和付出代價，甚至還過得看起來不錯，擁有完美成功的人生，那麼具有受害者情結的個體會恨之入骨，內心產生一股巨大的仇視，希望對方、那些人可以遭遇橫禍災難，甚至遭受天譴。

這種恨之入骨的敵意裡，都有著無法接納美好的自己竟然遭遇破碎的心碎和痛苦感。我們可以從這裡了解到個體是在乎自己的，也期望自己擁有完美的生活，可是現實的遭遇和諸多事件，讓自己應該完美的設定，有了難以承受的衝擊和失落，因而產生對自己的背離和拋棄：「這樣一個破碎不堪的我，我不想要。」

受害者情結所連帶產生的偏執性和控制性，會讓個體更難承認及接納自己身上所發生的遭遇已然發生，他們可能會執著於某一個環節，認為只要那個環節可以有個轉變，那麼一切或許都可以不同了。當不停的反芻這樣的想法時，這些想要「早知道就可以轉變什麼」的自我檢討和糾正的念頭，就會更纏繞住個體，讓個體的心理情結打得更死，更難解開。

放開對自己要完美的期待和想像

我們的人生都可能在某一個事件、某一個經歷、某一個細節中跌跤，覺得自己被不合理的對待，甚至被捉弄和被傷害，我們除了憤恨不平感到痛苦，卻感到無能為力，又不足以有力量反抗外界，只能任由外界施加更多的殘忍和不理解在我們身上。

在我們無法確實的理解這個世界是怎麼回事而感到驚慌失措；在我們尚未有自己的聲音和力量把自己的遭遇表達出來前，我們可能有非常長的日子，把這一股怨氣和恨意朝自己身上發洩，產生強烈痛恨自己的情緒，認為若不是自己有瑕疵、不夠完美、不夠強大，怎麼會被人任意糟蹋或傷害？若不是自己不夠好、不夠優秀、不夠讓人喜歡，不然別人怎麼會這麼無情和冷漠以待？但馬上的又興起防衛，覺得：明明自己這麼好、這麼善良、這麼真心、這麼滿足別人，為什麼他們會這樣對我？這樣辜負我、傷害我？

你需要明白，我們越責怪自己，就越難以釋懷過往的遭遇；我們越難接納自己身上所發生的經歷，我們就越是加倍的痛苦。那種無法如願向誰討回公道、向誰要到公平，也無法要回自己無瑕完美的人生，這些痛苦和失望，就會不停的侵蝕我們的自尊和生命價值感。

不放開自己對完美和無瑕疵的執著期許，就無法放過自己。無法放過自己的人，同樣的無法放過別人。我們不可能在不放過自己的同時，能樂意見別人有他自己的人生在過，特別是別人能夠擁有他自己的幸福和光明。

人性的其中一部分傾向，是當自己過得不好時，也想拉住誰一起承受、一起陷落。即使載浮載沉無法靠岸，總是大家都一起深陷其中，沒有人可以置身事外，也就表示不是只有我一個人過得不好。這種聊表安慰的心態，眾人皆有之，雖然不是正向的安慰，但看見別人也一起遭殃或受苦，也是人性裡黑暗面得到抒發的一種表現。

但是，其實我們不用以一輩子的時間在經歷這樣無意識的自我懲罰，當你可以試著接納自己以及過往的遭遇，並且接納自己過往的不懂或不明白，甚至是某些疏失，容許及諒解自己會因為年紀太小或對人世認識不清，而無法及時挽救自己，讓自己免於受創受苦。這不是你的錯或失敗，或表示你不夠好，這是因為那個當下的你，能力和所能了解明白的有限，你不該承受那些對待，也不該由你一個人背負結果。

撕開傷痛的標籤，你不是受害者，你是生命的鬥士

當你想要撕開自己的命運受害者的標籤，解開自己的受害者心理情結，那麼請試著以全新的眼光、善意的眼光、有慈愛的眼光，重新看待自己。你是活生生的生命，是一個不容易生存下來的人，你的身上除了受苦受創的遭遇和經歷，你還有許多的價值和天賦，特別是在遭遇許多痛苦的打擊和疏忽冷漠的對待下，你仍然有強韌的生命力在堅持著自己的人生。

要活下來絕對不容易，而那些不至於讓你沒命的經歷，無形中成為你人生的

歷練，讓你更體悟人生，也有機會更洞悉人性。只要你願意懷抱自己，不因過往的遭遇和經驗，就把自己視為可惡的對象，忘卻自己生命的可愛和可敬，那麼，你將有機會成為雖然帶有傷痕卻擁有許多戰鬥勳章的內在英雄，以自己為榮，以自己為驕傲。

請給自己一個完整的機會和空間，允許自己撕開受害者標籤，不再以此定義自己。給自己新的生命詮釋，當你願意開展自己生命的可能性和多元性時，你不再需要死守受害者的位置，再繼續等著誰來撫平你、安慰你，還你那些不公平不公義遭遇的公道。

試著將你的眼光和姿勢都往前方看，不再轉身向後看。向後看的姿態，是無法讓我們好好經歷人生，也無法看見前方的彩色景色，有我們值得感受和經驗的。你的人生值得創造，過往的限制和框架，只要你願意解放自己，允許自己自由，那些過往的經歷都不能再勞役你、拘禁你。

只要你和自己和好如初，輕輕撫平那些沉重冤屈的記憶，回到生命最初生的本質~生命原本就是美好，原本就是。

請在和自己和好時，想像自己內在誕生一個初生的嬰孩，你允許自己重新誕生下來在這個世界，並且願意開始成為自己的再生父母，重新以愛和擁抱、安全和信任，呵護及照顧自己，做自己內在小孩的好父母，足夠的關注和支持，足夠的引導和陪伴，信任自己會知道如何給予自己夠好的關懷和照顧。當你以愛和自己的生命連結、修復裂痕、溫暖善待，你的內在會創造出一個新天地、新世界，值得你展開新生命，樂見自己的成長及蛻變。

chapter 4

能拯救他的，只有他自己

——如何避免病態依存關係

只有當一個人自己感覺到需要自我改變的時候，你才有可能真正的改變他。

——心理分析學家／愛利克．艾瑞克森

具有受害者情結的個體不擅長使用理性來協助自己面對生活的挑戰和問題。而往往容易受他們情緒困住及控制的人，恐怕也是理性功能式微，同時在情緒界線和關係界線易於混淆的人。

若是具有拯救者情結，或是好於高居幫助人的位階上，想要透過自己的給予和付出，而讓別人的生命因此不同及改變，藉此獲取生命的價值和存在的意義，那麼這樣的人，是最容易和受害者情結個體共構出假性親密的共依存關係，也是受害者情結個體會選擇進入關係的上選人士。

也就是越有反應，或者他們一有動作就立刻回應的人，再加上一些關心和幫助的友善態度，那麼這正是受害者情結個體最青睞的人選，是很有吸引力的存在。

沒反應和看似冷漠、理性、有界線的人，通常不會是受害者情結個體所尋求的對象，他們很怕別人冷漠和無情（這是來自他們自己的解讀，不代表對方確實無情或冷漠），或是不為了他們的需求而給他們一些特殊的回應和對待，通常對這樣的人會讓有受害者情結的人反感，甚至情緒很自動化的出現排斥和抗拒，也就不會想和對方建立關係，甚至還會刻意的切斷關係及疏遠關係。

所以，如果你覺得身邊有相似受害者情結的個體，當你焦急不安的想要解決他的問題，或想要趕緊擺脫他和你之間所引發的人際糾葛之前，我會邀請你先檢視自己的狀態和起心動念，因為不論是什麼樣的關係，都是互動來的，若是沒有先檢視和反思自己做了什麼、反應了什麼、無意識中投射了什麼，我們就無法清楚的釐清出你需要進行哪些調整，並實際的做出哪些改變。

以下我會從八個主題，建議你深入理解及辨識你們關係的型態，同時也給予一些需要調整及改變認知行為的意見。

◇勿落入拯救者角色，與對方產生病態共依存關係

讓我們先舉個例子：

朱敏參加了一場自我成長的生命書寫工作坊，在那一場工作坊中，講師請大家分個小組稍作分享，主題是自己從小到大最溫馨的回憶和最心痛的記憶，透過這短短的分享機會，講師帶出每個人的生命都是豐富的，充滿了回憶及經驗，我們的生命都是有故事的人，也以此帶入每個人生命更深的書寫主題。

朱敏在分組中認識了一位參加學員——銘欣。因為書寫創作的過程，需要和小組夥伴分享，朗讀出自己的生命故事，因此朱敏聽到了銘欣的生命故事。一開始，朱敏是被銘欣的文字風格吸引，覺得銘欣好真摯坦誠，在銘欣的自我敘述裡，她經歷了好重的殘酷打擊，不僅受到原生家庭的排斥和忽視，成長的過程，也遭受許多無情對待，像是被同學霸凌欺負，被最好的同學欺騙，就算長大到了職場，也遇到了職場性騷擾及不公正的對待，被老闆解聘……在銘欣的敘述裡，她坦承自己長期的壓力和痛苦折磨，身心都有多種疾病，憂鬱症及婦科方面的問

題，常常讓她在夜裡痛不欲生，不得不對生命吶喊：為什麼對我這麼殘忍？這麼不公平？

銘欣的書寫，讓朱敏不由得感到心疼，她無法想像銘欣是怎麼挺過來的？怎麼熬得過這麼多辛苦的遭遇？朱敏暗自替銘欣叫屈，老天真的欠銘欣一個公道，怎麼讓銘欣從小到大經歷那麼多不順遂，尤其是讓她身旁盡是一些無情、勢利、霸道又惡劣的人，都沒安排一些好人、善良的人，能給銘欣一些關懷及溫暖。

為了讓銘欣感受到這世間還有溫暖和友善，下課休息時，朱敏主動的走向銘欣，她對銘欣說，聽了銘欣的生命故事後，覺得好感動又好佩服，她覺得銘欣真的走了好多辛苦坎坷的路，很想給銘欣一個擁抱，藉此給出一份支持和關懷。

銘欣聽了後，眼眶泛淚，張開雙手接受朱敏給她的擁抱。朱敏擁抱住銘欣後，一直拍撫著銘欣的背，像是安慰一個傷心的孩子似的，對著銘欣輕聲的說：「妳好不容易，加油！加油！妳真的很堅強。」而銘欣終於忍不住的哭了出來，對朱敏說：「謝謝妳，謝謝，從來沒有人肯定我，看見我的辛苦。」在這一刻，氣氛溫馨，令人動容，看到這一幕的參加成員，也都覺得好感動。

很快的，三小時的工作坊結束了，正當朱敏收拾好了自己的東西，準備離開會場時，銘欣突然出現在朱敏面前，羞怯的問了朱敏：「可以和你做朋友嗎？我們相互加通訊軟體好嗎？」

朱敏沒有多想，互加通訊軟體帳號是現代社會稀鬆平常的事，到任何場合，即使只是社交幾句，都可能被邀請加入。對朱敏來說，互加通訊軟體帳號就是社交往來傳遞訊息方便的管道而已，於是她很快的就拿出手機，和銘欣互成了通訊聯絡簿的朋友。

回家後的朱敏，又投入原本就忙碌的生活，每天照顧家人、問候長輩、上班工作，僅存一點兒時間，朱敏才會撥出去參加社會活動，像之前參加生命書寫工作坊，就是她想為自己預備退休後的興趣，嘗試性的探索。

朱敏對生活的態度很簡單，沒想要什麼大鳴大放，就是希望自己在平實中體會人生，不枉此生。她的人生也都順順的，沒什麼太大變動起伏，讀書成就雖不是頂尖，但也順利考上公家機關，就這樣穩穩當當的生活著。

可能因為這樣，結束那天工作坊的朱敏，還會突然地想起銘欣，覺得銘欣的人生和自己的人生，怎麼有這麼大的不同？她甚至莫名的覺得自己過得這麼平順，好像應該有點愧疚，像銘欣那麼努力過日子的人，卻沒有得到更多老天眷顧，這樣的人生一點兒道理都沒有。

人生的不公平和詭異，讓朱敏不禁的嘆了口氣，為像銘欣那樣的人，感到不忍。

不知道是不是自己還掛念銘欣，讓兩人的緣分沒有斷，朱敏在過了一週後的某天晚上，收到銘欣的問候。銘欣在短訊裡，再一次感謝朱敏，她告訴朱敏：「妳是我人生裡，難得遇到的知心人，雖然才短短的幾個小時交流，我覺得妳走入我的內心深處，彷彿和我一起經歷過那些心碎及難過的時刻，謝謝妳，讓我有那麼一點兒相信這世界還有好人，還有一點兒溫暖。如果可以的話，我希望和妳成為朋友，我想要成為和妳一樣的人，能把溫暖和關懷也給有需要的人。」

朱敏有點受寵若驚，在銘欣的表達裡，她似乎給了銘欣一份很大的支持力量，讓銘欣願意相信這世界還有溫暖及希望，雖然這不是朱敏想得到的結果，但是她想，如果因此安慰銘欣辛苦的人生，讓銘欣不再回想起過去遭受的冷漠及無情對待，或許她以後的人生能活得順遂、平安，也能開始體會到一些生活的幸福感。

於是，朱敏開心的回覆了銘欣：「能當朋友當然好呀！我什麼才華都沒有，是妳不嫌棄！」朱敏心裡甚至覺得，如果因為自己的關懷，能給予銘欣一些溫暖，也算是對上天給予自己一生平順的社會回饋吧！

之後，銘欣不間斷的透過訊息留言，向朱敏抒發自己過往的不幸和痛苦，以及現在的不順遂，那些敘述確實讓朱敏感覺心疼和不捨，所以朱敏也會很熱衷地回覆留言，表達自己的支持和鼓勵。

隨著日子過去，銘欣的留言越來越頻繁，有時是一大早，有時是上班時間，還有夜深人靜應該熟睡的深夜，銘欣留言的提醒聲都會咚咚地響著。朱敏一開始，會擔心銘欣心情不好及低落，需要有人即時聆聽及安慰，總會在第一時間就趕緊回覆銘欣。即使有時候不能好好的完整回應，朱敏也都立即讓銘欣知道，她的留言有被看見、被關注。

但隨著時間一天一天過去，朱敏發現銘欣的留言幾乎都充滿著各式各樣的情緒起伏，有時候只是一些很小的事情，都能讓銘欣情緒波動很大。例如銘欣到郵局辦事，遇到一個不笑的櫃臺人員，銘欣就會發訊息告訴朱敏，她覺得郵局的櫃臺人員瞧不起她，一定是認為她沒有地位，才會對她這麼輕視傲慢。

朱敏因此慢慢覺得疲累，也覺得沉重。她發現了銘欣似乎對自己有很深的自卑感，又加上過往的傷害造成長期對人的不信任，和環境的人接觸時，都是以不信任為前提，小心翼翼的，生怕會被人欺負或是傷害。對銘欣來說，這社會大多數的人都是冷酷及邪惡的，一不小心，就會遭受這世界無情的打擊和惡意欺凌。

朱敏試著在回覆銘欣時告訴她，這社會沒有這麼糟糕和惡劣，可能是銘欣她自己的恐懼使然，才會這麼緊張害怕，或許放輕鬆點，看到的世界會不一樣，這樣比較能看見好事其實也在這世界發生。

每當朱敏回覆要銘欣放輕鬆，不要把這世界想得太糟，或是要銘欣試著理性思考，試著理解客觀事實裡，別人並沒有什麼惡意，不是故意冷落她或輕視她的，銘欣讀到訊息後的回應，就會出現不悅或指責的語氣。她哀怨地暗暗責備朱敏「冷淡」和「事不關己」，才會說出那種輕鬆，不痛不癢的回應。

這簡直讓朱敏不勝其擾，卻又擔心銘欣會因為自己的疏離或不回應而受傷。所以就算朱敏很無奈，也不敢關掉銘欣的留言提醒，每日早晨起床、中午休息，或下班回家打開手機一看，銘欣的留言可以多達數十則，讓朱敏覺得自己的生活都被攪亂，甚至有種自己要被吞噬的感覺。

她感覺到自己像是銘欣生命汪洋中的一塊浮木，原本她只是想傳遞一些溫暖給銘欣而已，卻不知怎麼地，成為銘欣生活裡敘說心情、發洩情緒的一個重要對象？她覺得很困惑，她不是銘欣的愛人或親密伴侶啊！她沒有那個意願，也確定自己沒有同性戀的傾向，但為什麼銘欣好像要把她緊緊抓牢的感覺，彷彿她們兩個是一體的，不論銘欣發生什麼事，朱敏都該知道，也都該第一時間安撫或回應銘欣？

這太不對勁了，朱敏開始萌生想要和銘欣拉開關係距離，設下一些自己的界線的想法，她實在無法沒有限制的讓銘欣侵入到她的生活，把她的生活每分每秒都填滿、佔滿。朱敏覺得自己快要不能呼吸，她知道這段關係變質了、扭曲了，但她就是說不上來這一切到底是怎麼發生的？

假性親密關係，沒有真實的認識基礎，失去成人關係建立的界線尊重

像朱敏和銘欣兩人關係的歷程及變化，在如今的現代社會，經常可能發生。參加一個聚會或一個社會活動，就突然之間成了很親近的朋友，一下子彼此之間就沒了個體界線，什麼都說、什麼都揭露，甚至可能沒有見過面的兩個人，因為社交軟體的接觸，一瞬間就變成無話不談的重要對象。

在這樣的情況下，人們很容易產生一種幻想出的親密感，失去人與人交往需要慢慢認識的現實感，而產生過度緊密依附的關係狀態。

如果其中一方，有強烈的情感需求，亟需有人安撫安慰，支撐他脆弱的存在感及極度不穩定的情緒起伏，那麼被選中的對象，就可能會在毫無預料的情況下，一下子就被攻陷城池，失守了自己的關係界線及生活秩序。

我們需要了解，在成人的世界裡，即使是親密伴侶的關係，也無法一直擔任承接或安撫對方情緒穩定的那個人。在生活中，無時無刻不論自己發生任何大小事，都要有一個訴說的對象，都要有一個照顧者回應我、安撫我、承接我，這並

不是一個成人的狀態，而是一個幼兒化的心智狀態。因為無法承接住自己的情緒起伏，無法接受自己的獨自經驗，而要有人不中斷的關注，才能感覺到被人陪伴及獲得依靠的安心。

在這種情況下，一旦有人出現，被視為理想的照顧者或安慰者時，心裡自覺弱小無助，深受世界殘害欺凌的受害情結者，就會不自覺的渴求依附、共生，和這一位認定的理想照顧者、安慰者形成形影不離的共同體，好使自己感到不這麼弱小無助，這麼恐懼。

你需要冷靜理性面對關係，有界線的關係才能保護彼此

若是不想要進入任何可能扭曲成病態共依存的關係，就要試著在進入任何關係前，冷靜思考及敏銳覺察，自己有無從對方的表達或敘述中，湧起同情的感受，或可憐對方的遭遇，特別是那種想要成為拯救對方脫離苦海的心情。這樣的心情，會讓你很害怕造成對方不高興或失望，當自己在表達任何意願或選擇時，會變得無法依照自己的真實想法或感受，而是擔心讓對方難過或生氣，甚至替對

方擔心起他的生命安危，而不敢做出自己的決定，也無法說出自己想表達的話。

雖然這麼說好像過於簡單，但避免讓受害者情結者吞噬你的主體性，吞沒你的生活領域，第一重要的就是：請不要進入拯救者的位置，一廂情願的認為自己能帶給別人改變灰暗人生的希望和救贖。

覺察出這個念頭，以理性思考出合理的觀點，讓自己維護好彼此個體的完整，尊重彼此生命的獨特，不因一時的情感混淆及同情心作祟，而錯亂了彼此的關係，一不留神成為別人的浮木和救生圈，延遲了別人正視自己生命議題的機會。

◇建立清楚的心理界線和關心界線

面對具有受害者情結的人，最好的方式，就是避免進入「拯救者」的位置，試圖想拉他遠離黑暗地獄。如果一遇到受害者情結的人，就會無法自拔的陷入「拯救者」位置的人，除了本身具有拯救者情結（又稱救世主情結），也可能反應出自己內心也有著壓抑克制住的受害者情結，因此過度的涉入受害者情結個體的人生。

這些戲劇性角色的轉換或是相互呼應的關連，在之前的敘述都已談過。那麼，我們在避免陷入拯救者角色及位置成功的情況下，我們要如何和受害者情結的人互動呢？要如何能減低被情感操縱的可能，留下彼此更慘烈的負面情緒情結呢？

受害者情結，在長期的作用和生活模式塑造下，是很容易無意識的以情感操縱的方式，來博取他人的關心和同情，同時以曖昧的方式，將「可憐我」、「我是無助的」等內在訊息釋出，來讓對方感覺到不能置他於不顧，不能對他冷漠以待，必須為他負擔起生活問題或困難的解決。就像是面對可憐的可愛小動物一樣，你若丟下抛下他們，他們可能會活不下去，或是難以招架接下來要面臨的生活難題。

我再一次提醒，這一切都會是在受害者情結的人，無意識的情況下進行的。因此，他們常常不知道他們正在做些什麼，又為什麼這麼做，以及對別人到底造成什麼樣的影響。（這可能也來自他們缺乏同理心的能力。）

由於他們長期都深陷在他們所建構的「內心世界」中，他們怎麼想像、怎麼編寫劇情、怎麼設定角色，都是他們主觀一手進行的，也就這麼帶著他們的有色鏡片認定的這個世界的顏色，以及認定其他人該站的角色。於是，他們在長期缺乏換位思考的訓練，同時無法離開自我中心的位置，走向客觀角度的距離，重新思考世界和別人所呈現的現象究竟是什麼樣的意義，又有哪些真實。

因此，他們缺少覺察力，也缺少同理心的換位思考及換位感受能力。對他們而言，若能有所覺察關係的進行，別人的位置及角度會有他的立場和觀點，也會有他個體的感受和行為選擇，那麼，受害者情結的人就會多了一點兒可能性，去了解及體會別人和他互動的感覺和想法。

然而，受害者情結大多數的情況，是對別人毫無興趣的。他們希望的是別人對他們一直保持興趣及關注，並且時常樂意去關懷、安慰或照顧他們。就算他們一開始的社交行為不是表現出強烈的想要被關懷及安慰，而是以問候你好不好？或是表現出關心你生活或工作的態度，但不出幾句話，他們就會企圖掌控全局，讓你不得不聽他說、聽他埋怨別人的傷害或生活環境的惡劣糟蹋。

很快的，原本好像是一般性的對談或寒暄互動，也會轉換成他不斷的把負面的感受和負面觀點釋放，完全不需要停頓或喘口氣的不停不停倒出一籮筐一籮筐的芝麻綠豆事，每一件事的情節都鉅細靡遺，任何枝枝節節都不遺漏地告訴你，他有多麼鞠躬盡瘁和委屈，他是如何的良善與人互動，卻遭受別人任意糟蹋和欺負。

我想，關於受害者情結的人會如何表現出他這個人格的樣貌和行為舉止，之前已經討論很多了，現在請回到你自己身上，好好的來面對你自己所可能出現的回應或反應，這才是關鍵，也才是重點。

回到自己身上，洞察清楚關係互動的現象

有太多人（特別是華人）都有顯性或隱性的拯救者情結（或說是氾濫同情心態），加上我們的個體性不足，主體感薄弱，界線又模糊鬆散，因此時常處於關係中，都是把對方當成「重點」，務必希望能讓對方沒有埋怨、沒有不滿、沒有微詞（其實是自己要完美心態作祟，害怕被失望）的情況下，想到的都是如何解

決對方的問題、如何讓對方情緒變好？不自覺的就又掉入拯救者心態及位置，想著到底可以如何幫助對方（美其名為幫助對方，其實是想要改變對方這種反覆的負面狀態），而忘了自己的主體，評估自己的可為和不可為是什麼？想想自己究竟能幫什麼？真的幫得了對方嗎？若要幫要怎麼幫？

要妥善的對應受害者情結的人，接下來的關鍵就在於你自己的人我關係界線如何？情緒容不容易被煽動呢？容不容易被威脅支配呢？或是容不容易被洗腦或被暗示呢？

唯有建立清楚的人我之間心理界線，你才有可能在確定能保護自己心理（認知及情感）運作的安全感下，進行和對方交涉，協商，或是談判。否則，你就容易在一個內心有意圖、有目的的情感操弄下，無法站穩自己的立場和原則，給出其實你無法承擔的承諾，並且落入心理操控的陷阱中，等著收到關係互動後，負向扭曲感受的大兌換。

心理界線，可以說是我們與他人之間，必須被確保、被維護的「獨立內在空間」。意思是說，我不會在被脅迫、侵犯及被操控的情況下，失去我自己的準則和價值觀，以及進行各種選擇的自主權利。我在這個維護我是完整獨立個體的「心理界線」（不能被侵犯的最小範圍就是個人底線）的護衛下，我能選擇我能回應、付出、提供的，也能自由的拒絕我所不能同意、贊同及允許的，並且不需感到罪惡感及任何以道德之名的指控。

例如：有些受害者情結的人，他們認定了這世界的不公及不義，使他們受盡階層的壓迫及犧牲，也受盡別人的欺凌和輕視，在他們眼中這世界、社會、存在的其他人都是虧欠他的、剝奪他的，不然就是陷害他的，他的人生之所以過得如此不幸和悲慘，全是來自所有人的傷害和欺負。他是一個全然的被害者（心理上的被害者，而不是生活中實際的犯罪被害者）。

這時候，這樣的受害者情結者就會以一些具有框架或標籤的話語，去設定別人應該要怎麼做或怎麼回應他，才是對的、好的。他們最容易說出口的話語就是：「你應該要有愛心」、「你應該要幫助弱勢弱小」、「你不可以對我這麼冷漠、狠心」。在這些框架或標籤的話語裡，都在對你形成一種暗示：你必須照著他的期待和需求回應或滿足，否則你就是壞人、狠心及冷漠的人。

這種曖昧訊息，正是一種「話中有話」，以表面的支配語句，隱藏他內心真實想要的企圖。然而，那隱藏的訊息，還是會以情緒能量或是一種氣勢的方式，傳遞給對方，讓對方感受到莫名的情緒壓力，而放棄自己原有的立場或主張，接受對方的支配或指使。

所以，若一個人對自己越不清楚，對自己的底線所知越模糊，就有可能陷落進對方所製造出來的迷魂陣，害怕自己被對方指控指責，會面臨無法預料的可怕後果。通常這種害怕很不理性，也不是事實，但你就是會非常害怕對方會發生不可預測的反應，讓你綁手綁腳，無法自由自主。

建立個人清晰的人我界線，才能釐清混亂的情感操縱和情緒威脅

如果你有清楚的「心理界線」，你會非常清楚一件事，那就是每個人都是他內在運作的主人，要如何運作、如何解讀外界，以及如何和外界互動，這都只有他自己才能選擇和決定。這不在於你應該要做對什麼、要避免做錯什麼，才能使對方情緒都好好的，感受到愉悅開心。如果你沒有清楚的心理界線概念，你就會

常常誤以為，要讓別人情緒都好好的、正向愉悅，必須在於你做對什麼，並且做到讓對方滿意為止。

如果你真的誤認為一個個體的情緒能不能平穩或是正向，取決於環境是不是順他的心意、別人是不是能滿足他，那麼這個大誤會將讓你常常受制於別人的情緒壓迫，也容易受到情感威脅及操縱。畢竟，用情緒來對付你（無論是大怒或是愁苦哀怨），就足以讓你難以招架，而必須舉手投降，任由對方索求。

所以，你需要澄清及重新建構「你」這個概念。必須清楚每個人的情緒和想法都是由他個體決定的，也該由他個體負責。不是一個人情緒不佳、覺得挫折及不公，就能以此要脅或索求別人的滿足及給予。

如果你能建立清楚的心理界線概念，這能有助於你面對各種人格特質的人物，而不會因著不同人格特質的人，就受他們強烈影響及擺布，然後迷糊了關係距離。畢竟，對自己越有清楚認識及認知的人，較能從別人口中的評論及框架脫鉤，因為他知道他不是別人隨意就可以定義或評價的人。何況，有許多人的任意評論及框架，反應出的都是他內心的價值觀投射和標籤，根本不是出於對別人真實的認識。

我不是說你不能關心，或是安慰，甚至幫助。而是在於你無論是關心、安慰或幫助，都會有個限度，因為我們是人，都會有自己的限制；時間的限制、體力的限制、心力的限制、能量的限制和能力的限制。

你可以關心，但不要企圖承擔；你可以安慰，但不要企圖著手解決；你可以支持，但不要沒有自己的底線。你要知道你不是神，就算是神，也從來不會直接出手，讓人免去面對屬於他自己需要學習的生命責任和課題，只要耍賴和表現無助來應對人生。

如果你沒有清楚的心理界線，你就會漠視自己是一個「人」的事實，忽略自己這個人是有限度的，會有你有所不能的地方，也會有你有所不為之處。你不會任由另一個人對你沒有界線的指揮和要求，如果他這麼做了，你的內心會給你清楚的聲音，也會引發你不舒服的情緒，提醒你自己心理界線被侵犯了，你需要退後一點，或拉開一點距離，而不是更沒有界線似的，以假性親密的方式，讓別人吞噬及佔有你，寄宿在你身上，吸取你的能量。

要防止任何的人際病毒侵入，唯有我們有強健的免疫力，能辨識出病毒類型，並且以好的方式進行自體護衛。若是體虛氣弱，當然任何型態的病毒，都可能讓我們付出很大的損傷代價。

◇不隨對方情緒起舞，避免擔負改變對方情緒的責任

心理潛藏受害者情結的人，由於早年生活的卑微及辛酸苦楚，未能在成長歷程中，得到療癒、撫慰及轉化，使他們的內在，受潛意識的受害者人格驅使，頻頻對這個世界，發出他們內心的無助及怨恨，還有自己的委屈和不平。

你若身旁有一位受害者情結的人，你一定可以明確地感受到，此人說起自己的命運、生活遭遇，乃至現在生活的困難，還是會以一種申冤者、控訴者的姿態，就差前面沒有一個衙門的大鼓，可以讓他申冤鳴鼓，大喊自己的冤屈及不幸。

受害者情結的人為何難以釋懷過往？

我們在探討這一個複雜的問題之前，首先必須先明白，這個問題不是像選擇

題或是非題那樣可以簡單看待。

具有受害者情結的人，在長年累月運作下，又未能隨著成長經歷的鍛鍊和成熟轉化的情況，必然成為內在運作「人格」的一部分。你必須進一步了解，所謂的「人格」一旦形成，都不是可以輕易改變或鬆動的。因為，「人格」是一組內在自我運作的系統，包含著一整套的情感模式、認知模式和行為模式，有著獨特卻頑強的生命信念。

也就是說，當受害者情結已形成為一個人的人格時，自然而然的就會以受害者的態度和情緒、思維、舉動來對外界的人事物進行反應。如果，我們可以了解這一點，就要明白接受他們所呈現出的人格，以及自我的狀態，才能好好的和他們保持適當距離的互動。否則，不是過於緊密，緊密到和對方綁在一起沒有喘息空間的感覺，就是太過疏遠，害怕與對方接觸而引發各種糾結混亂的不舒服感。

人際關係互動及相處的困難不正是如此嗎？關係太近了，心理狀態及情緒都受制於對方的反應，過於在意和憂慮；若是關係太遠了，又感到因為疏離和封閉，而不知道如何和對方互動，也感覺不到關係的連結。

往往讓我們內心最焦慮和不安的人際關係，就是那種靠近也不是，疏遠也不是。或是，在靠近和疏遠之間總拿捏不定，來來回回，舉棋不定。

以接納為基礎，才能平心靜氣的不強迫、不用力

而具有受害者情結的人，就最常讓人感受到這麼頭痛、焦慮及不安的對象之一。他們情緒的不穩定狀態，還有對這世界的敵意和愛的渴望，所產生出的矛盾情感，往往讓他們身邊的人，想給他們溫暖或關愛，卻又同時因為遭受他們的攻擊或敵意，產生想迴避或保持距離的反應。在要多靠近他們一點，卻又害怕被他們傷得體無完膚之間，進退維谷。

所以，如果你要和受害者情結的人相處或互動，就是必須建立在一個清楚的認知概念下進行：「受害者情結的人格者，他們呈現的情緒、認知及行為特徵，已是他們的一種常態，他們可能意識到自己的這種狀態，也可能在毫無意識中呈現。但無論如何，這是他們還未自覺要重新修復自己內在系統的情況下，很自然的表現。」在這樣的認知概念下，你才不會把和他互動的機會，都當成「要拯救

他黑暗」或「改變他人生」的機會。

你越是接納他的特徵和狀態，你越能找到一種不費力的方式，和他有較穩定的型態進行互動歷程。最容易和受害者情結的人，關係走到「反目成仇」或「遭受指責指控」的情況，就是這個人不自覺中，企圖強力的「拯救」或「改變」受害者情結的人。無論是企圖告訴受害者情結的人：「離開那個不好的生活環境或生活方式，讓我幫助你」，或是：「聽我的，讓我改變你的人生，離開痛苦和陰鬱的世界」，這種拯救姿態或是強力的介入，都會佈下一個局面，就是你會過度、過多的背負受害者情結的人，他該面對及處理的人生課題，同時人我關係界線混淆得再也釐不清，究竟他的人生是他的責任？還是你的責任？當他情緒不舒服及充滿沮喪挫折時，究竟是他要學習面對自己的沮喪挫折？還是由你來負責承擔他的沮喪和挫折，並且讓他感到滿意快樂？

說到這裡，你可能還是不理解，那究竟要用什麼樣的態度和距離去和受害者情結的人互動？

我喜歡用一個例子來說明，就是宮崎駿《神隱少女》故事中，千尋和無臉男的關係和互動。無臉男在故事中，沒有名字、沒有身分、沒有來歷、甚至沒有身體跟臉，他一無所有、隱形的存在著。所以，他自卑、怯懦、渴求著重視和接受。當一無所有的無臉男無意間知道了河神的黃金可以讓自己被歡迎、靠近、追隨後，他變成了貪婪吞食怪，變出了大把大把黃金，讓整個湯池的人都圍著他轉，他開始瘋狂，囂張，肆無忌憚，變得更加醜陋，內心也更多扭曲，當然是得不到任何真愛和尊重。

無臉男見到了千尋，一下子就變得羞澀溫順起來，因為千尋對他的態度平常、平等，沒有像其他人的奉承或是恭維討好。無臉男突然間感受到了一種被尊重的對待，也沒有了黃金暴發戶的脾氣，只是結結巴巴的從嘴裡擠出來幾個字：「我的金子，都給你。」

當然千尋並不要那些金子，事實上，他也不知道千尋想要什麼，單純的以為，拿出金子給千尋，千尋也會和別人一樣喜歡金子而來喜歡他。他被拒絕後，變得更加瘋狂，肆無忌憚的吃，越來越迷失自己、越來越失控。

在一連串混亂吞食的災難之後，無臉男得到千尋意外的幫忙，回到了原本一無所有的狀態，還是空虛、寂寞、沒有存在感和歸屬感。他不知道要何去何從，他只能跟著千尋，但千尋有她自己的旅程和她必須要去面對的挑戰和問題，她只是很平靜的對無臉男說：「你是不是想一起走？」

然後，他們一起同行了一段路，沒有什麼對話，很寧靜在火車上度過了一片片的風景，前往千尋要到的地方去。後來，千尋和無臉男要分離了，因為千尋有她自己的下一個方向，而無臉男也有了自己的寧靜和安心歸屬，於是，他們在恬靜及灑脫的氣氛中，就此分開。

勿自以為是的非要人家依照自己的標準過人生

我非常喜歡這一段故事的情節和畫面，想把它用來比喻我們和受害者情結的人的關係，勿驚勿喜、勿操之過急，也別為了自己所謂的「想要為別人好」、「改變別人人生」的企圖，把對方的人生當成自己的人生在過。然後，無意識的被對方的情緒牽著鼻子走，也過度的替對方擔憂生命問題。

畢竟，每個人都有自己的人生方向，也有自己必須承擔及面對的生命課題。

所以，在關係裡，我們都需要學會做好「課題分離」，把對方的人生課題還給對方，把自己的人生課題，好好的認領回來。我們無法真的摒棄掉自己的生命責任和課題，只為了另一個人的生命改變而付出，然後把所有精力和時間關注對方，就是為了確保對方的生命狀態都平穩，情緒沒有無力沮喪，也沒有任何不平不滿，以為這樣就是幫助了他、拯救了他。

事實上，沒有經過自己努力、付出及尋求改變的方法，只是外掛式的透過別人供應及滿足，才能暫時麻痺或轉移自己負面的情緒感受，終究是拯救不了自己的人生。那只會是消耗人際關係的情感資源，以一命抵一命的方式，把生命能量吸盡耗竭後，再換下一個人來交替使用罷了。

而在關係裡，你能為受害者情結的人所做的，絕對不是「拯救對方的人生」或「改變對方的人格」，而是在行有餘力也足的情況下，在片段的人生中與對方平穩同行，以平常的、自然的、尊重的態度，接納對方存在的方式，在保持友善的情況下，維護好穩定距離的關係（不是忽近忽遠、忽緊忽離），和對方互動。

你必須試著學會「課題分離」之外，就要試著先穩定好你自己，成長你自己。

受害者情結的人，最難操控及索求的人，是心理素質穩定及成熟的個體。當一個人對「成年人」有越清楚的認識及理解，他就越能有較清楚的認知，清晰的明辨關於每個人生命的責任，不會含糊以對，也不會任由內在神經質的罪惡感和恐懼作用，輕易地任由他人來情緒操控或情感威脅了。

◇還給對方生命的自主權、尊重對方的人生選擇

有許多人會和受害者情結的人之間產生情緒拉扯不清的糾葛和折磨，最主要是他們陷入一種認為是自身造成受害者情結者鬱鬱寡歡的罪惡與不安之中，無法排解內心對自己的指控所引發的罪惡感和焦慮。

這樣的人，內心有莫名的罪惡感氾濫，總是對自己充斥著滿滿的批評指責，說自己這裡不對又說自己那裡不好。如果真的可以把一天的內心聲音用擴音機放出來聽，就可以聽到此人無時無刻不停冒出來的自我批評和質疑。

這種有著強烈自我譴責習慣的人，遇見了受害者情結的人，正巧是一拍即

合。自我譴責的慣性，搭配著受害者情結者無意識的情緒勒索，就像是自備著強大的武器，讓對方可以用來指控和要求自己，也控制著自己，強逼自己必須無條件地滿足對方所有的需求和期望，否則就正符合著內心自我控訴的聲音：都是你的錯、一切都是你不對、你真是不夠好又自私。

許多人都有這種「神經質的罪惡感」，也就是無犯罪事實，卻總在生活中無可避免的覺得「都是我的錯」、「都是因為我，別人才會過得不好（情緒不好）」……以致莫名其妙的就以「贖罪」或「報償」的心，任由他人擺布或要求，而無法以理智來判斷事實情況，分別清楚責任的歸屬。

這種神經質罪惡感，非但不是一種責任感，反而是一種會削弱人的理智能力，同時鄉愿的任由別人指責及怪罪的非健康心態，這樣的人不僅一點兒也沒保護自己的能力，也無法真正判斷事情的責任歸屬及問題癥結究竟為何。

別再讓你的「罪惡感」給予對方傷害你的力量，即使他們是親人

心蓮一想起媽媽，忍不住就眉頭深鎖，胃部抽痛。她已經儘可能的不要輕易和家人聯絡，她知道一旦打了電話，電話那一頭的媽媽，就會開始一股腦的把所有不堪入耳的難聽話都對著她講，口氣盡是辱罵和貶抑，不只以羞辱女性的話語罵她，媽媽也會把自己羞辱得特別難聽。

心蓮的媽媽會說的內容，二十年來千篇一律，就像是放唱機一樣，只要一啟動電源，就唱著重複的歌曲、相同的歌詞。

心蓮的爸爸二十年前，大約心蓮二十初頭剛出社會時，被媽媽發現爸爸竟然和已婚的女同事外遇。還在跨年夜時以加班為理由，載著女同事到陽明山約會。因為一張陽明山上小七的統一發票，及某飯店的刷卡紀錄洩漏了爸爸的蹤跡，從那天之後，媽媽日日夜夜哀怨著自己嫁給爸爸後，做牛做馬，生了三個孩子，還得自己工作賺錢自己養。爸爸他根本自私自利，沒有支持這個家什麼經濟開銷，收入都被他自己拿去玩女人了，實在夭壽。

媽媽總像極了八點檔長壽劇的女角一樣，用著哀怨的神情和語調，咬牙切齒的說，自己絕對不會讓出這個「王家」長媳的位置，只要她活著一天，她就不會讓爸爸稱心如意，這個不中用的爛男人，做錯事的人是他，為什麼要她走？她是絕對不會離婚的，她做鬼也不放過他，讓他被她糾纏著、被她唾棄著，生生世世也不放過他。

心蓮面對情緒總是那麼歇斯底里、那麼激動的媽媽，常常覺得胸口很悶，不管心蓮多麼不喜歡聽媽媽咒罵爸爸、咒罵她自己，甚至也會咒罵心蓮沒用、不懂事，沒有一起同仇敵愾去讓外面的女人難看，心蓮都選擇忍耐，壓抑自己的各種不舒服感受。

心蓮好像有種必須替爸爸贖罪的感覺，替爸爸覺得對不起媽媽，但同時她對爸爸既生氣又十分同情，覺得爸爸在婚姻關係裡，根本也不快樂，無法感受到妻子的溫暖和柔情。但每當自己同情爸爸後，心蓮又立刻責怪自己，覺得自己好罪惡，怎麼可以為做錯事、對婚姻不忠的爸爸找理由？在這個局面裡，媽媽才是最大的受害者，媽媽受的傷才是最重的呀！

當心蓮也認同媽媽是婚姻關係裡最大的受害者時，甚至覺得自己應該替爸爸進行補償及贖罪，任由媽媽把各種情緒發洩在她身上，並且必須忍耐和壓抑自己所產生的衝突感受，心蓮就已經在這個家庭系統中錯位了。她不再是站在孩子的位置，而是取代了爸爸的位置，一同默許了爸爸不需要去面對在婚姻關係裡的問題，而以自己對媽媽的罪惡感和同情，來做為對媽媽深受委屈的歉意和補償，彷彿外遇，對感情不忠的是她一樣。

媽媽因為恐懼失去婚姻，不去直接面對自己婚姻裡的背叛，以及丈夫所帶給她的傷痛，以孩子來做情緒的出口，透過抱怨和發洩取代去真正的面對婚姻裡的問題。這並不是一個成年人該有的態度和處理關係的正確方式，這樣的逃避，其實算是一種迴避面對衝突，抓住自己受苦及受傷的情緒做為武器，來行使不停情緒轟炸及消極性懲罰的報復行為。

若是心蓮不斷在自己的內心強化自己的罪惡感，認為爸爸的錯誤自己該一併負責，該為此感到對媽媽的抱歉，她將會毫無立場也毫無力量，為自己去拒絕再接受這一切不合理的對待。這無疑是讓自己無止境的活在贖罪的情境中，不能終止，就像服無期徒刑一樣。

這樣的無期徒刑，或許是因為心蓮有著一個死守著「受害者」位置的母親，但也是心蓮內心駐守著的那個從不輕饒自己的刑罰者。每當受害者一就定位，罪惡感執行者也就跟著就位配合，一搭一唱百般契合。

歸還各自的生命課題，你無法替別人一直負擔課業

當我們無法清楚辨識每個人各自歸屬的生命議題，而讓內心不理性的情緒凌駕於理智界線之上，我們就會讓自己和身邊的人各自應承擔的責任混淆不清。如果再加諸自己已內化的內疚慣性，我們將永遠無法擺脫別人推卸到我們身上的負擔，直到自己筋疲力竭也不能明白，自己的命運為何如此艱辛和沉重。

對於我們所愛的人，我們總是希望能夠看見對方幸福，然而所謂的幸福，是一種只有自己才能為自己獲取的感受。如果我們想掏盡自己所有給對方幸福，或是依靠向他人索討所謂的幸福，最終都將是造成兩敗俱傷的局面。

因為每個人的幸福，來自於真實面對了自己的生命課題，勇敢承擔起自己生

命之後，才能感受到的雨後彩虹。就算我們傾盡自己所有，而對方仍自顧自地活在他的自憐、自怨、自哀之中，你再多的付出、分擔對於他而言，都只是預期中的一唱一和，毫無健康和復健的功能。

更何況，這樣一廂情願的付出和自責，對於自己而言也只是浪費了自己應該為自己往前走的生命，陪著停頓、消耗在毫無意義的哀怨之中。於是，一個受害者拉扯著一個殉道者，兩個人在一首哀鳴的悲歌之中，痛苦又糾結地虛耗了一生。

要擺脫這樣的命運，唯有自己從這種不理性的罪疚感中清醒過來，你可以愛、可以疼，但無須陪葬在對方不願改變的哀怨之中。用健康的態度去同理對方的辛苦，但無需為他背負本該屬於他自己的生命議題。用理性的態度去釐清對方的哀怨，有無你能力範圍可以陪伴和鼓勵的，那些你無法承擔、無法負責的，就要承認及接納。

除此之外，你就是你，他就是他，無論是多麼親密的關係，甚至是給予你生命的父母，在你脫離母體的那一刻起，你們都只是各自獨立的生命個體，互不隸屬，當然也無庸彼此越界去為對方承擔本屬於他的人生。

無論他做了什麼樣的選擇和決定，你都要練習「尊重」這是他為他自己人生所做的選擇和決定。

◇不以「我好，你不好」的心理地位看待對方

受害者情結個體內心確實有傷，也可能從未意識及自覺自己需要療傷止痛，需要復健內在心靈，重建自己的人生。然而，即使是這樣，也不意謂著他們沒有生命的價值，或是就應該被視為有問題的人。他們的人生存在著問題，但誰不是呢？我們都存在著各自心理的和生活的各種問題。

以平等心和平常心面對受害者情結者，才不會再造成過度的貶抑及負面的態度。我們了解受害者情結的心理系統及各種效應，是為了知己知彼，以了解為基礎，減少因為無知及誤解，而發生人際關係擦槍走火的情況。有越充分的了解及認識，我們越能以一種安定安穩，給自己溫柔而堅定的力量面對。

在與受害者情結的個體互動時，能減緩許多關係的拉扯及衝突，很重要的是

不要因為對方的姿態（無論是過於卑微討好，還是過於膨脹自大），來影響自己無意識的站在較高的心理位階，或是較低的心理位階來對應他。

因為無論是隨著對方的姿態抬高自己或壓低自己，這都會形成一種上對下的關係，容易一下子就掉入「受害者」及「拯救者」的位置，又莫名其妙的上演心理遊戲的曖昧互動過程。

維持你平等對待人的角度，才能避免進入不自覺的心理操控

雖然你所面對的個體可能具有受害者情結，但我們很難確認在我們身上，是否也有可能容易被勾動拯救者角色，想要扮演救世主或全能者？不論我們是否自我探索及充分覺察了在自己心理也可能蘊藏某些情結，若是我們可以回歸人和人之間都是平等的，具有不同的能力和天賦的，我們就不會過度的看低、看扁誰，而過度誇大自己的存在。

所謂的平等，是能相信也認同，生命的存在沒有分優劣好壞貴賤，所有的生命的基本價值都是予以被尊重、被賦予自由自主權利的，沒有哪樣的生命價值高過於另外生命的存在，或是什麼樣的種族、膚色、文化、地位、身分就能高過於其他不同條件的人類。平等的理念，在於或在這世界、地球上，我們是萬物的一分子，活在一樣的天空下，經驗一樣的大自然運行，一樣享受屬於這世界的資源。若是有優劣貴賤的認知評判，那麼人會開始歧視或是壓迫，也會自顧自的剝奪及濫用。

關於平等的認知概念，是關於哲學思想的，也是關於生命教育的。回到我們的主題上，只有我們能確實的不在心理的地位矮化對方或矮化自己，我們才不會過度漠視別人，及過度誇大自己。

你或許會問，那我們面對真正需要幫助和關懷的人，那麼我會告訴你：「尊重，並維持平等對待。」出於尊重及平等的幫助和關懷，才能維護好對方的尊嚴及價值，否則也是自顧自的評斷別人，然後失去尊重的把自認為「這是為你好」的方式，強壓在別人身上，認定別人若要改變人生，就要順應自己的建議和安排，而不是給予對方空間和時間，進行自己的思考和抉擇。

受害者情結個體或許會因為無意識的操控行為，要別人成為自己生命的拯救者，但這不代表只有他們會成為操控者，往往被勾動而一起掉入拯救者與受害者心理遊戲的人，也可能同時進行著心理操控。差別只在於後者，可以冠冕堂皇的說自己是為對方好，是善意好心的。

即使是好心和善意，也可能會做錯事或做出不好的事。所以，我們需要能夠提高覺察，有意識的辨識出自己的心理地位，是否都有為自己和對方維持基本的尊重，和對生命價值的同質肯定。

因為生命是平等，沒有誰優越過誰而能支配及決策別人的生命

受害者情結個體，即使尚沒有意願或尚不具能力來自我覺察及歷練自我生命的修復，但這世界仍有他們可以存在的位置，也有他們決定自己想要過的生活的自由。或許他們所過的生活方式和態度，不是你認同的，例如重複性的抱怨，或是負面否定一切的習慣，但你可以選擇不承接和避開他們的反應，但你無法決定及控制對方的行為必須依從你的標準。你可以分享、溝通或是對話其他處理生活壓力或是挫折的方式和態度，但你還是無法直接以控制及要求的方式，左右對方

一定要遵從。

如果，你非常激動且強烈的要求對方必須改變，或是以懲罰性的口吻告訴對方：「若你再不改變，我就不再理你、離開你」……當你這麼說出時，你已經在進行反向控制，也可能已經進入拯救者的位置，而開始想要以改變對方，做為緩和自己壓力和焦慮的方式，而不是尊重對方的時機和發展歷程。

還給別人生存空間，及尊重別人生命領悟及蛻變的時機，正是深刻了解到我們都不是神，我們不該自以為是神的地位，可以決策和掌握人的生命展現。我們做不來神所做的事，何況神給予人的是自由意志的權利，要人類為自己的作為負起承擔的責任。

當你不誇大自己，也不再把自己推向優越者、全能者、救世主的位置上，你會發現自己輕鬆很多，而這一份輕鬆，可能會讓你不再那麼焦慮不安，或許可以找到幽默和放鬆之道，和受害者情結的個體平和相處。

◇清楚看見彼此的限制，做好課題分離

我們需要確實理解這個世界，雖然我們每一天的生活，看似大同小異，運作屬於自己的一個小世界，而這個小世界，不是他人也有同樣體會的世界。事實上，每一個人存在的經驗和生命脈絡有著許多不同和差異，在你看起來輕鬆平常隨手可得的事，對另一個生命來說，可能一生都沒有機會聽到、接觸到。對你而言，可能是一個從小就有概念的事，對另一個人而言，他從來沒有想過，也沒有被告知過。

我們生活在同一個世界，卻有著非常不同的世界觀、人生觀和價值觀。你可能會擁有自主權利和自由，在這世界上天經地義，但對另一個世界的生命來說，他的生命經驗和遭遇，卻讓他深信不疑他只能仰賴別人的施捨或供應，依賴卻卑微的生存著。

因為過往的經驗差距很大，也可能缺乏許多夠好的生存條件，每個人的人生選擇和走向會有不同差異。這沒有對錯好壞的問題，它是一個現實世界所存在的

真實現象，我們不可能都有相同的土壤、相同的資源和相同的機緣，長成同樣品質的生命體。當我們可以認知這樣的不同和差異存在，我們才可能去尊重和試著理解別人的經驗，和他所存在的文化環境，而不是武斷的批評，或任意貼上標籤。

當然，這不代表所處的環境和經歷就一定會限制我們成長和發展，而是它可能帶給個體成長過程的困難度和艱辛也會不同，所要克服的問題可能比較複雜。就像一個只要上課讀書把自己的事務處理好的學子，和一個必須負擔家計或是支付自己生活費學費的學子，他們懷抱的希望和願景，或是能預期的未來，是截然不同的。

每個人都有他生命的道場，磨練著他的心性和人格，也影響他的視野和眼界。每個人都只能用一生寫下自己的生命故事，經驗和走過自己的體會和對人生的領悟。你不能強迫誰復刻你的人生，你也不能想要模仿誰就能成為誰，因為每個人擁有的命運和機會，都是獨一無二的。

你只能負責自己的人生，也尊重別人編寫他自己的人生。

做好課題分離，不要亂丟功課，或幫人家一直做功課

想以情感作為羈絆住關係，而不是連結彼此生命的人，往往無法分化出各自的主體性和獨立性。在他們的內心深處害怕孤單和寂寞，害怕自我的空虛和無價值感，總是讓他們想要以情感作為關係的牽絆，用情緒束縛著彼此不能任意的離開關係，也不能想要成為獨立、有能力、有發展的個體。

所以，在這種無法分化的關係裡，就容易發生剝奪別人能力、削弱別人自主權利的事情。把人的個體性和自主性都去除，讓人無法保有獨立的思考、情感和行動，就像讓人心理殘缺，以致感覺自己虛弱無能，而必須仰賴關係。要怎麼做可以促成這樣依賴性的關係呢？就是：「來，我幫你」；我幫你思考、我幫你感受、我幫你行動、我幫你決定、我幫你計畫、我幫你設想、我幫你承擔、我幫你解決……

這種常以「幫」出現在關係中的姿態，就像是一直搶別人的功課或工作來做。然後把自己沒有為自己做的功課和工作，再推給另外的人。

這也是一種心理遊戲的進行，自己一直擔任某一方的拯救者，又向另一方尋求拯救者出現。所以，到底我們都在做誰的功課？又在負責誰的課題？

課題分離，確保每個人為自己的生命負責

如果一個人處於不對等的關係，常被忽略或是惡言惡語，他卻執意不離開，也抗拒自立自強，不論是合理化對方本質很好，還是內化認命順從的觀念，又或是自覺條件不好無法重新振作……你會發現這當中的思維和觀念，正是他的課題。假設他無法自覺自己如何受到觀念挾制，又如何缺乏自信和自我啟發性，而願意為自己學習還未習得的知識及方法，也沒有動機練習增進自我功能的訓練，那麼他不做這些功課，別人也是無法幫他做。當然也不可能有誰能一鼓作氣的拚命把學習過的知識和經驗灌輸給他，以最簡易的方式打通他的任督二脈，讓他直接武功蓋世。

所有的功夫，都要由自己練習、摸索、累積。至於練或不練，那就是個人面對自己生命的選擇。

期待可以不用付出勞累和辛苦，就能速成，或直接獲得自己能力的大躍進，這不僅是妄想，也缺乏邏輯與現實感，相當不合理。然而，我們社會許多場面都是這樣的，幫人操之過急，拚命用自己認為快速及正確的方式，要求及指揮別人應該如何進行，而那明明是人家生命的事、生活的問題。

可能有人會跳起來說：「那家人和親人怎麼辦？見死不救嗎？要放給他爛嗎？」那麼，這就是一種個體分化不清，界線混淆、課題錯亂的觀念了。你究竟用了多久「不能見死不救」來框架自己及逼迫自己？難道你沒有感受到你說出的這句話中，充滿了無奈和疲累嗎？而即使你無奈而疲累，究竟是什麼讓你不能感受到自己的情緒和身心狀態，知道自己扛不住了，需要喊停、需要放手，也需要休息？需要回頭整理和關照自己？

難道一個人為別人的問題扛到倒了、累了，對方的生命就會改變？就會得救？或者對方的生命就會一勞永逸，從此不再出現問題和麻煩？如果一個人會利用別人來救自己的命、防止自己爛掉、讓自己生存下去，那麼，他是不會因為你拚命救援、拚命滿足和給予，就醒悟過來，明白他需要學習由自己扛起自己的生命責任。

停止再告訴自己「在別人的需求上看見自己的責任」，而是要去辨識你所要付出和救援的對象，他是否也同樣為他自己的人生及問題負起責任。任何人，都有他需要面對成長所需要的付出努力和鍛鍊。我們的付出和給予，值得為那些一樣為生命奮鬥和承擔責任的人。

即使我們是一位專業者或工作者，有任務和目標在身，但那也不意謂我沒有自己的生活、沒有權利擁有自己的幸福和喜樂。在照顧和付出心力的過程，我們仍要明白，我們是協助或輔佐，無法介入和控制別人的生活面貌和狀態，這是我們無法插手去動手動腳的。

你需要真實看見，才可能承認自己的有限。不會再放大自己的能耐，也不會再把自己感受和需求放一邊。你會清楚知道，無論怎麼協助或提供幫忙，還是有一定的範圍，最終生命的主人，還是必須面對他自己究竟要如何活出他的人生。

你再不明白、不理解、不認同別人的選擇，你都無法背負別人的生命，要顧及自己也需要生存，也需要面對自己的生命課題。你替代不了別人的課業，也沒有人可以承擔你的課業。

如果，課題無法辨識出來，胡亂的推來推去，那最終所有人的生命課題都做不好，我們只好一起淪陷在你怪罪我、我埋怨他、他抱怨你……等等的不滿、委屈的受害情緒裡，集體一起沉淪，直到被情緒漩渦吞沒。

所以，負責好自己，也讓別人負責好他自己。當你可以理解課題的責任各有歸屬的意涵，你就能了解，你所負責的界線到哪裡就夠了。別人的選擇裡，有他需要去面對的真相和後續的效應，這是你沒有權利，也沒有能力去決定的。

做好課題分離，停下那些過度用力的期待，和拚了命的承擔。學習適時承認有限，適時離開和放手，我們才有各自獨立面對自己課題，好好反思自己生命的時間。

◇以正向情感做正向回饋，理解對方的世界

不論我們多想幫助別人、想讓別人的日子好起來，認知到課題分離是很重要

的。我們需要明白自己能為別人負擔和做的實在有限，除了給予一些有幫助的資訊或是物資資源之外，關於生命的經驗和自我選擇，我們誰也幫不上誰，只有自己想改變、想成長的人，他才會為自己去摸索和學習，並承擔生命的責任。

在這樣的原則下，人與人之間的互動和相處，是以情感為基礎的，透過情感的傳遞和連結，我們能感受到生命的基本需求：愛與尊重。這是我們在經歷人生的痛苦和苦難時，心底深處的渴望，得到同類同伴的情感安慰和接納。

活在現代社會的我們，從小開始就受到無形的要求和標準推動，必須要符合外界及權威的認可。慢慢長大到青春期，還要面對同儕接不接受、喜不喜歡、有沒有認同我。

到了成人期，諸多的現實生存問題和壓力接踵而來，我們害怕被社會及職場淘汰；我們害怕被人家覺得差勁和沒有能力；我們羞愧於自己的缺點或差勁的地方。在這種種的遭遇和過程中，我們可能都未曾體認過，我們可以安心的在同類中存在。我們可以在同類中真實的做自己而不用懼怕恥笑和辱罵。我們可能藏著一個渴望在心底，是不是可以不要那麼努力、那麼盡心盡力，我們也可以無條件的感受到愛？

雖然我們都是不同的個體，有著獨一無二的形體、面貌和特質個性，但活在這個世界、社會的我們，也許都能明白活在社會大巨輪下的疲憊和無力感。也許當中有人承載了太多起伏的不定情緒而深受其苦，也或許有人雖然不願意讓人看見他的脆弱和疲憊，但內心同樣的孤寂倦怠。

我們真的幫不了太多或頂替不了別人所面對的情境及挑戰，但我們可以在身為人（同類）的身分上，給予所關心的對方一些尊重的態度，以及接納的情感，容許對方能有真實體驗自己的時刻；真實的難過、真實的傷心、真實的失望、真實的憤怒、真實的感受到各種身為哺乳類生物會有的情緒感受和體驗。

當我們還給對方「主體」，而不是一個我們眼中的「問題」，或許我們會有一刻能深刻的同理到對方的盡力、努力，還有他的限制。因為身為人，我們都不完美，也不是所有對人生的期盼都能盡如己意的實現。對受害者情結的個體來說，他們也有自己對人生的盡力、付出，雖然他們建構人生所使用的方法和工具有缺陷，但不可否認的，他們也有努力的地方，他們也曾嘗試要讓人生有所不同。當我們可以不要侷限於只看行為和結果時，也許我們有機會去看見他們生命歷程的承受和承擔。

基於一個人、一個活生生的生命，我們是否可以用對方可以接受的方式，正向的看待他的存在，以尊重的態度，接納他活出來的樣子。

「受害者情結」會讓一個人活在渴求不到尊重和愛的感受中。他們內心十分渴望被好好的善待、被愛和照顧，卻因為長久以來無法痊癒的心理傷痛，讓他們渴望也不敢相信這是可以實現、這是會發生的。

加上早年原生家庭依戀關係的受損，在個體最需要情感撫慰和情感連結的年齡，遭受漠視及諸多負向對待，讓個體的自我感支離破碎，難以建立完整的自我認同及自我接納，也就更容易在關係中焦慮不安。

維持穩定且持續的關係，好過若即若離及極端反應

一個人對關係的不安和焦慮是全面性的。從個人的關係到社會性的關係（包括職場），都會讓一個人處在進退維谷、左右兩難、惶惶不安的矛盾心情中。

特別是童年生長環境若缺乏對一個孩子的情感連結與回應，也就是孩子感受不到愛的存在，缺乏體會自己的生命是被重視和在乎的，知道自己是被放在心上、是被專注地互動與交流的，那麼，他的心靈世界就很難有被好好愛著，以及因為情感得到同調的回應，而感受到一種同在及正向的情感經驗。

長期下來，若缺少情感交流的連結和滋養，一個人的內心會經歷許多「不被重視」、「缺乏回應」、「互動挫折」的沮喪及失落感，幾乎沒有經驗值感受從關係來的情感親密和愉悅滿足，他會漸漸地對外界和他人的互動，感到焦慮或恐懼，焦慮讓人產生渴求卻害怕失望的內在衝突裡，恐懼則讓人產生逃避情感或沒有興趣的反應上。

不論是否具有受害者情結，童年關係的情感缺失及受創，沒有穩定及安全、信任的依戀情感，皆會讓人在人際關係的建立及穩定維持，產生困難及不安。因此，幾乎沒有什麼穩定及長久的關係，不是若即若離，不然就是極端的過於親密，再過於疏離，甚至切割。

然而，能有穩定、安全的關係，才有可能重新經驗關係中的信任感。能經驗到關係中的信任感，相信在這一段關係中，自己是被接納及被理解，被視為一個值得尊重的人善待，這是具有修復性的關係經驗，能讓一個人修復自尊、安全感及自我肯定。

因此，保持自己穩定的態度、情緒及情感回應受害者情結個體，能內在安穩的聆聽，也能安穩的回應，不會因為內心的矛盾、恐懼、不安及自我拉扯，這需要我們內在有足夠的成熟度，和穩定明確的界線建立。

同理，具有個體界線的情感連結和回應，亦是一種善待和滋養的可能。

如何做到安穩呢？如何能維持安全及信任的關係呢？那需要在有穩定及健全的個體界線下，護全好自己內在的各個心智功能，冷靜客觀的思考情況，並保持情感的同理和同調（情感連結）。

這需要試著去摸索，能拿捏及維持一種可以保持良好互動的關係。不能一下子過於積極親密，產生人際互動的疲乏和倒彈，又出現一種失去界線後害怕被吞噬和被控制感的焦慮，猛然地想撤退，遠離關係終止互動。

盡量不要擺盪在這兩種極端下進行關係的互動，雖然對方的戲劇性變化和各種複雜的矛盾性格，會造成這兩極的互動關係。適度適中、照顧到彼此都需要個人的界線來保護自己的空間和隱私。對別人的關注太多，可能因為介入太多而不自覺的指指點點、評論和忠告，這樣只會令關係處於緊張壓力狀態。

只要關係有緊張壓力，那麼關係中必然有一方，甚至兩方，產生自己存在的不安全感，無意識的開始興起防衛的心理機制，很難在關係中放心、安心。這時候的人，是無法相信自己在關係中是安全的，也就很難真誠互動，各種心理遊戲或是猜測懷疑就悄悄上場。

為了減緩受害者情結個體的敵視和防衛，我們在可行範圍盡力的維持好自己的界線，想清楚自己把對方視為自己什麼樣的人際關係？依據對方與自己的關係遠近和重要程度，維持在什麼樣的距離較為妥當？

只要關係有互動，就有受影響的部分。在接受會被對方影響的意願下，我們才可能打開情感及感受，去和對方連結，用心接觸和回應。要能願意受對方影響，又不受對方的情緒或想法淹沒或吞噬，主要關鍵就在於同理心。

同理心的能力，確保我們去感受或體會對方的經驗，透過感受和理解，尊重對方會出現的角度及觀感，不會不自覺的以評價或批評對待，或不自覺的掉入拯救者位置。同理心讓我們可以調頻，調動頻率和對方的頻率互通，如此才有可能有對話或情感連結的可能。畢竟，若失去頻道的互動，可能只在兩條線上，各說各話。

再次提醒，你需要具備這三項內裝配備，才可能和受害者情結的人建立趨近安全和信任的穩定關係，若這三項你尚且不足或不太確定，那麼，就和受害者情結個體保持安全距離吧！這是避免糾葛和拉扯的直接可行性。

這三項內裝配備是：你個人健全的界線、自我的穩健成熟，和第三項同理心的能力。這需要你的自我評估，客觀的了解自己是否適合。因為我們的能量有限，在珍愛自己能量的前提下，你才可能做出有益彼此的行為。你知道的，只要一勉強一用力過頭，失去了界線和平衡，接下來的歷程，就免不了的埋怨、指責、拉扯、糾纏、指控和可能的報復。

◇尊重對方的摸索，祝福對方的蛻變

無論如何，學習能離開接觸受害者情結個體回歸自己生命的軌道，專注於自己的生命課題，是很重要的學習，這是確保你仍擁有自己的主體意識和個人生活領域。

所以你需要做一些儀式性的歷程，來象徵你和對方分離過後，能放手、放下，召回完整的自我；把關懷對方時容許被影響的內心空間，進行淨空過濾的過程。也把耗損掉的情感能量，透過自我的關懷、調節、滋養，確實的得到照顧和修復。

尊重對方，也是尊重自己

在受害者情結者的關係裡，你會發現，只要稍微用力了，接下來就會是一連串拉扯、控訴和指責的歷程。為了維護彼此的界線，你需要時刻認清楚你們是不同的兩個人，他有他生命的主權，你也有你生命的主權。

所以，你需要時常提醒自己，跟自己說：「我尊重他」。若是面對對方，記得提醒自己保持對對方的尊重。

你能尊重對方，才可能不把自己推進去，要自己不顧一切的幫他處理或為他背負。你會知道這是對方的選擇，你必須你承認無能為力。

要能承認自己的無能為力，進而承認這會令對方失望或失落，你才有可能尊重自己。你若無法承受被失望和被情緒性指責和怪罪的反應，你會忘了尊重自己，為了要消除對方的不滿意和不悅，或是悲苦感，你又會奮不顧身陷進去，受對方的情緒控制。

請尊重你自己的感受和需求，也肯定自己的存在價值。你的價值以及你的好，由你來認同和肯定，或接受愛你的人對你的肯定，請不需要交予誤解你、漠視你、物化你的人來決定，這是你可以加強的自我認同。

祝福對方，也祝福自己

要回到自己的生命軌道，我們必須能離開對方、與對方分離。祝福是一種進行放手及放下的祈禱。祝福的意思，就是將生命交給遠方的未來。在未知面前，我們承認自己的渺小和有限，所以我們不能斷言別人的生命一定會如何，然後相信對方仍有他的機會和可能性去開創他的人生、茁壯他的生命。

「成功，不必在我，而是出於他的自由意志。」不必抱有一定要看見對方呈現什麼樣的蛻變模樣或成長那樣的執著，這種執著也是人我界線不分，分不清楚沒有人應該要為了另一個人的期望，就失去主體性和自主權利。沒有主體性和自主權利，人如何能為自己的選擇負責？如何承擔？不是又要相互推卸責任，再相互怪罪和指責？

透過祝福，我們能夠不要硬扛、硬背，該交還給對方的行李、包袱，你一樣也不能帶走。你若背走或硬扛別人的生命課題和責任，就像拿走別人的行李包袱，也是一種偷走的行為。東西不是你的，你就是不該拿走。

所以，祝福對方，也祝福自己。祝福別人找到方法去處理及安頓他自己的行李和包袱，也祝福你自己能處理和安頓好自己的行李和包袱。無論要如何取捨或斷離，這都要由生命的主人進行。這樣也是維護「自主」的價值信念，不會任意剝奪、任意侵犯。

交託，相信宇宙冥冥之中的安排

做到你能做的關懷，在了解自己的界線下，把其他的都交託。因為我們皆是凡夫俗子，不要誇大自我，反而要有更多體察自己脆弱和有限的經驗。正因為有勇氣承認自己的脆弱和有限，我們可承受讓人失望的感受，尊重他有經驗他自己情緒感受的權利，不再把自己能否被滿意、有價值的需求，建造在他人的需求和反應上。

回到人的位置，是很重要的。你不能替天行道，也不能假裝自己是全能全知的神。在有限的生命經驗和視野下，做好「人」能做的就好，而且是你願意做的，是心甘情願的選擇。

也就是為了避免上演無限循環的加害者、受害者、拯救者的人際心理遊戲，意識清楚自己的選擇是出於自己的心甘情願，承擔起自己選擇的責任，才不會在遇到關係糾葛不清和混亂的局面時，自己也一同掉入受害者的心態中，隨之起舞，同樣感到受害和受傷，再度複製人際之間的不愉快及彼此挫敗。

做好自己願意給予的影響和回應，至於尚不明白的、超越人的理解的、不可預測的，就要交託出去給宇宙冥冥之中的安排和變化，而不是硬給承諾或不切實際的保證，讓自己動彈不得、動輒得咎。

界線確立、穩定情緒、客觀理性、冷靜思考、同理回應，最後做好課題分離，是每一回合接觸及互動時，要歷練的互動歷程和內在自我狀態。

最後，附上十個評估項目，當你發現有這些情況和現象時，提醒自己謹慎，抱持溫柔而堅定的態度，做好界線，也想清楚自己的意願和選擇。別忘了，你有自己的主導權，沒有人可以脅迫你、勉強你。你是自由的，除非你不讓自己自由。

這十項評估，若發現你與對方有五項以上（包括五項），那麼可以複習書中的第四章，不陷入病態共依存的關係，及時保持良好的安全距離。在過程中，你需要增進自己的覺察力和敏感度，欠缺這兩者，互動歷程會難以避免地陷入一段糾纏糾葛和釐不清的情緒衝擊中，難以平復及安穩。

但經驗是我們的老師，在人生過程，或許都會遇到幾次不健康的病態共依存關係，只要能從經驗中覺知、反思、釐清、辨識，獲得心得，都是為我們的人際關係增加更多的健康意識和防護力。

十項評估關係中的對方，是否具有受害者情結的可能，並可能形成病態的共依存關係：

□ 你感覺對方的情緒十分不穩定，上下起伏的強度，讓你的情緒隨之起舞、久久難平。

□ 你感覺對方把你當作一個安撫者、安慰者和照顧者期待著，不管你的意願或回應如何。

□ 你發現即使對方已離開你的眼前，也沒有跟你接觸，但他的事情卻會在你腦中揮之不去，讓你難以把專注力拉回到自己身上。

□ 對方幾乎很難以理性思考的方式對談或討論，情緒性的發言（不滿或怪罪）佔九成。

□ 即使你已經明確的拒絕對方，或告知對方你的界線，但他仍視若無睹，繼續試探或踩踏你所表明的界線或需求。

□ 在對方的敘述和話語中，總是釋放許多他孤單、無助、缺乏愛，渴望有人出現安慰他、關心他的訊息。

□ 沒有事實根據，也非法律糾紛，卻指控你傷害他、讓他受傷、害了他，一而再，再而三的要你賠償或補償。

□ 以情緒上的痛苦，強烈的對你表示他欲傷害他自己，或準備報復你。

□ 在談話中，常出現一下子憤怒指責、恐嚇威脅，瞬間卻又會轉變為求饒、求和、討好哀求的姿態。並且時常在這兩種反應中，轉換快速。

□ 他的敘述裡，沒有對自己的事情，反思出自己的責任和必須承擔的部分，而是一股腦的，幾乎全是對他人的指責、埋怨和怪罪，並總是呈現出無能為力和無奈感。

結語

解開受害者情結，才能擁有健康的自我及人際關係

我從事心理諮商專業工作，有許多機會遇見生活和心理遭受困難的人。大多數的情況是人們主動找上我，運用各種方式：電話、郵件、臉書專頁或是聯繫單位。許多人透過資源搜尋，知道我帶領心理成長教育的機構和進行個人諮商的單位，進一步的來參與課程、工作坊、諮商團體、個人諮商等方式，尋求克服自己的心理困擾或人際問題的實際方法。

因此，我有非常多的機會接觸各種形形色色和不同性格展現的人。我是從事關於「人」的工作，面對人、接觸人、與人互動，是我日常生活的一部分，這是必然的。但因為身處在台灣社會，台灣社會有非常長的文化歷史脈絡，並不了解如何尊重專業的養成和建立專業的關係，許多人自動化把專業人士做為私人專屬

使用，並投射自己內心渴求有一位專屬的生命保母或代理父母來獲得生存及安全、保護的保障，或滿足差遣別人服務自己的控制欲，如此更易將本應是專業關係的身分混淆為想做為私交的朋友，或是隨叫隨應的萬能回應者、解答者，供應自己的依賴。

這種只要有機會就可能混淆關係界線，想把社會關係轉變為私人關係，並得寸進尺的濫用專業工作者，然後扣上要有愛心、犧牲或無私付出的高道德理想標準，框架，要求專業工作者應該有哪些行為才符合期待，這種事情在我助人工作的二十多年生涯，屢見不鮮，可說是專業工作者的職涯中注定的磨練之一。這還不包括反過來的情況，在我生活私下的關係，想透過關係佔用及使用我提供專業，卻不需要負擔任何的專業費用或成本的情況。

我之所以寫出來，是想告訴讀者，之於我這樣先是社工師後來成為心理諮商師的專業工作者，要面對混淆又具有侵犯性、控制性、攻擊性及濫用性的對象，也是時常可見的，不論在職場上或生活上。因此，我同樣需要花時間和心力學習，在長久以來習慣把人和人之間攪和成一團一團拉扯的人情義理關係，還有好